Rudolf Steiner

# CURSO DE PEDAGOGÍA
# PARA JÓVENES

Las fuerzas espirituales activas
en la convivencia de las generaciones

**GA 217**

Editorial Rudolf Steiner
Calle Virgen de Nieva nº 1 -1º I
28003 Madrid
www.editorialrudolfsteiner.com

Título original: *Geistige Wirkenskrifte im Zusammenleben van alter und junger Generation. Pedagogischer Jugendkurs.*

Revisión: *Maribel García Polo*

Maquetación, diseño y corrección: *Equipo de la editorial*

I.S.B.N.: 978-84-18919-27-5
Depósito legal: M-14339-2024

# ACERCA DE LAS PUBLICACIONES DE LAS CONFERENCIAS DE RUDOLF STEINER

*Las obras escritas y publicadas de Rudolf Steiner (1861-1925) constituyen el fundamento de la Ciencia Espiritual de orientación antroposófica. Entre los años 1900 y 1924, dio y dictó además una gran cantidad de conferencias y cursos, tanto en público como para los miembros de la Sociedad Teosófica, más tarde Sociedad Antroposófica. Originalmente, Rudolf Steiner quiso que no se escribieran sus conferencias, por lo general libremente pronunciadas, porque habían sido pensadas como información "oral", no destinada para la impresión. Pero, cuando en creciente medida aparecieron y se difundieron apuntes taquigráficos, tomados por oyentes de forma incompleta y llena de errores, se vio obligado a regularizar todo lo referente a la reproducción de los textos, tarea encomendada a Marie Steiner von Sivers. A ella le correspondió, la designación de los taquígrafos, la administración de los textos y la revisión necesaria para la publicación de los mismos. Como Rudolf Steiner, por falta de tiempo, no pudo corregir los manuscritos, salvo en casos muy contados, hay que respetar, frente a toda publicación de sus conferencias, las reservas manifestadas por él mismo: "Habrá que admitir que se hallen incorrecciones en los manuscritos no revisados por mí".*

# Índice

El ser humano actual sólo tiene en cuenta la conciencia de vigilia entre la vigilia y el sueño, mientras que en épocas anteriores el ser humano todavía tomaba algo de la conciencia de sueño en el día. Cuando hablábamos de sal, mercurio, fósforo, etc., aún teníamos una percepción etérea de las sustancias en cuestión. A partir del siglo XV, la aportación de la conciencia del sueño a la conciencia de vigilia cesó cada vez más. El desarrollo de la cultura desde un punto de vista "educativo". Antes, un libro estimulaba las fuerzas productivas de las personas, hoy todo se absorbe formalmente, lógicamente, sin voluntad. El pensamiento actual es un producto del cerebro; en este sentido, el materialismo tiene razón. Pero se trata de un pensamiento muerto que debe ser sustituido por un pensamiento vivo. Los resultados del pensamiento muerto obtenidos de la observación abierta no pueden ser llevados al sueño. El hombre de hoy está casi absorbido por la espiritualidad de la naturaleza mientras duerme, mientras que en el pasado el hombre "era algo" incluso mientras dormía. No es una cuestión de palabras: La teosofía también puede ser defendida materialmente. No se trata de hablar del espíritu, sino de desarrollar el espíritu al hablar. La Antroposofía esquemática carece de espíritu. Sólo a partir de una impregnación interior con la espiritualidad podemos devolver la vida a la cultura contemporánea.

Los filósofos como "termómetros" del estado espiritual de su época. Los "Principios de Ética" de Spencer, que demuestran que las distinciones éticas no pueden basarse en intuiciones morales, sentimientos, etc., sino que sólo pueden ser una cuestión de adecuación práctica al estado dado de la sociedad. Por otra parte, la "Filosofía de la libertad" sostiene que las intuiciones morales distintas de las que se revelan directamente en el alma humana ya no pueden ser decisivas para el hombre, puesto que el alma humana lleva varias décadas enfrentándose a la nada en relación con lo espiritual. - La carrera de Nietzsche: filología, Schopenhauer, Wagner. Nietzsche como antisócrata. Su rechazo de los "ideales" de su época porque reconoció que se habían convertido en frases hechas. Nietzsche y Paul Ree, que aplicó los descubrimientos científicos de su época a la moral. Para Nietzsche, esto dio lugar a la idea del superhombre y al retorno de lo mismo. - La juventud de hoy busca el espíritu vivo, pero éste no se encuentra en lo intelectual. Fraseología del "movimiento juvenil". La necesidad de desarrollar el sentido de la verdad. La fraseología, la convención y la rutina deben ser superadas por la verdad, la relación directa de persona a persona y la espiritualidad en las acciones cotidianas.

En el pasado, las intuiciones morales se daban a grupos de personas, ahora tienen que ser adquiridas por el individuo. La revelación primigenia se ha secado, las fuerzas pasivas ya no pueden establecer una verdadera conexión con lo espiritual. La observación, la experimentación y el pensamiento no requieren actividad interior. Sólo con el pensamiento activo el pensamiento se convierte en voluntad; de él surge la imaginación moral productiva. El pensamiento intelectualista está en relación con el pensamiento vivo como un cadáver con un ser humano vivo. Por lo tanto, el objeto real de la cognición es lo muerto. De este modo, se puede seguir la ciencia, pero no se puede educar a la juventud. El intelectualismo que les transmite la generación anterior es como una estaca en la carne de la juventud. Las "intuiciones morales" de la "filosofía de la libertad" son el principio del pensamiento vivo, capaz de volver a captar lo espiritual. Debemos aprender a llevar a nuestro pensamiento muerto la sabiduría viva que actuaba en nosotros antes de nacer y en nuestra infancia. En este sentido, el pasaje bíblico "Si no os volvéis como niños..." es relevante hoy en día. El movimiento juvenil sólo puede consistir en que la infancia, es decir, la espiritualidad, se traslade a la vida posterior. La consecuencia final es una ciencia espiritual en la que la antropología se convierte en Antroposofía.

El carácter básico de nuestro tiempo debe entenderse en términos pedagógicos. Es necesario un nuevo comportamiento hacia las nuevas generaciones, que surja de la conciencia de la existencia preterrenal del alma. La solución al enigma del mundo en la frase "*Hombre, conócete a ti mismo*". La necesaria transformación de los antiguos impulsos morales: amor moral interior, confianza exterior de persona a persona. El concepto de deber y el individualismo ético de Kant. La felicidad de confiar y el dolor de llorar a otras personas aumentarán infinitamente en el futuro. El conocimiento de la naturaleza humana debe convertirse en la piedra angular de la pedagogía del futuro. A través de intuiciones morales adquiridas, no dadas por Dios, toda la vida volverá a estar impregnada de un sabor religioso. Mientras tratamos a los demás con confianza en los seres humanos, debemos tratar a los niños con confianza en Dios. De este modo, la moral vuelve a ser religiosa. El movimiento juvenil debe tener una cabeza con cara de Jano que, por un lado, mire a las exigencias que los jóvenes plantean a sus mayores y, por otro, a las exigencias que las generaciones futuras plantearán a los que ahora son jóvenes. El movimiento juvenil no puede consistir sólo en oposición, sino que también debe mirar hacia delante con espíritu de sacrificio.

El "cansancio opuesto" de los jóvenes, que ya no pueden participar en los conocimientos que hay que adquirir de la forma adecuada. La ciencia actual no requiere ninguna implicación interior. Leer a un pensador medieval requiere un gran esfuerzo mental. La división del "conocedor" actual en "científico" y "hombre", ambos estrictamente separados. Para los profesores que enseñan a partir del libro: En cada niño hay un ser humano oculto que rechaza lo que el propio maestro sólo puede leer del libro. ¿Adónde se dirigían las fuerzas espirituales que no se abordaban? Los jóvenes rabiaban (movimiento juvenil), los viejos buscaban un soporífero en la teosofía, como se practicaba a menudo en aquella época. El verdadero anhelo de algo nuevo sólo puede satisfacerse a través de la ciencia espiritual. Los cuatro medios de realización de las antiguas escuelas brahmánicas. Los medios de realización actuales: La confianza en que los mensajes de otra persona pueden convertirse en la fuente de la propia experiencia espiritual y mental.

Desarrollo histórico de la humanidad desde los pensamientos revelados hasta los autoprocesados. Sólo tenemos una historia superficial, no una historia de sentimientos, pensamientos y almas. El año 333. Nominalismo y realismo. Tragedia de la Edad Media: Disminución de la conexión entre los pensamientos humanos y el mundo espiritual. En lugar de la conceptualización interna de los pensamientos, en épocas más recientes los pensamientos se recogían del mundo sensorial externo. Kepler como representante de dos mundos. Los últimos ecos de la percepción de la naturaleza divino-espiritual del pensamiento se perdieron en el siglo XIX (Henle, Burdach, HyrtL). Surgió la "ciencia del alma sin alma". La conexión entre el desarrollo microscópico y el macrocósmico se convirtió en un problema de percepción para muchas personas de talante más profundo. Continuación. La literatura antroposófica exige un pensamiento activo, en el que participe también el corazón y no sólo la cabeza. Se trata de un problema de la voluntad. A través de esta actividad llevada al pensar, podemos recuperar la divinidad del pensar

Falta de diálogo entre los seres humanos. Incluso los jóvenes de hoy quieren emitir juicios sobre todo. Esto sólo es posible desde el intelecto. Los juicios sobre la vida sólo pueden hacerse a partir del pensamiento activo y éste no puede adquirirse antes de los dieciocho años. En la educación temprana, no se trataba de conocimientos certificados por diplomas, sino de capacidad. El maestro adquiría su autoridad demostrando su capacidad. Gramática, retórica y dialéctica, enseñanza artística. Incluso hoy, toda enseñanza debe estar impregnada de un elemento artístico. La verdad sólo puede conquistarse a través de la belleza. El hombre no puede ser comprendido intelectualmente. Los conceptos adaptados a la naturaleza externa sólo son suficientes para el cuerpo físico. Incluso el miembro subconsciente más subordinado, el cuerpo etérico, sólo puede ser comprendido a partir de una experiencia artística del alma. Un verdadero movimiento juvenil no será una oposición, sino un movimiento que se acerque a los maestros como un lactante al pecho de su madre. Esto será posible cuando la generación joven encuentre la verdad en forma de dulzura por parte de la generación mayor. Entonces no se dirige al intelecto pasivo, sino a la voluntad activa.

En términos de intelecto, la madurez de una persona es irrelevante. Cualquiera puede discutir conceptos con cualquiera. Historia del desarrollo mental de la humanidad y del ser humano individual. Progresión rítmica. Ejemplos de la vida de Goethe. Hace miles de años, estos ritmos y cambios se sentían con tanta fuerza a lo largo de toda la vida como ahora sólo se sienten en la infancia (cambio de dientes, madurez sexual, etc.) Las personas mayores sentían el marchitamiento del cuerpo y la liberación del alma (patriarcas). Las personas han perdido cada vez más la conciencia de ello y tienen que recuperarla. Lo espiritual, que antes surgía de forma natural en la vejez, ahora debe ser adquirido por el hombre mediante su propio esfuerzo interior. El intelectualismo ya no experimenta el progreso en el sentido de profundización, sino sólo en el de nivelación. La ciencia espiritual exige la cooperación espiritual. El "pensamiento puro" en el sentido de la "filosofía de la libertad" es al mismo tiempo voluntad pura. A través del pensamiento puro nace un nuevo hombre interior que puede hacer surgir el desarrollo de la voluntad del espíritu. Esta actividad es idéntica a la artística. El maestro de hoy necesita la constitución artística para desarrollar una nueva relación entre maestro y alumno. A través de ella, el alumno puede volver a admirar al maestro de forma natural.

La necesidad de experimentar el mundo no sólo con la cabeza, sino con toda la persona, vive en el subconsciente de la gente. El hombre moderno sólo tiene esta capacidad hasta el cambio de dentadura. La mamadera como órgano sensorial. No se puede educar a las personas con contenidos científicos abstractos; esto sólo es posible si se les confronta artísticamente. La "filosofía de la libertad" significa apoderarse del individualista humano. No se puede ser educador sabiendo mucho, sino siendo capaz de dar algo al alumno en términos humanos. Lo esencial entre el cambio de dientes y la madurez sexual es la configuración espiritual del educador. La oración y la bendición en su relación causal entre sí. El niño necesita que se le den imágenes capaces de crecer, no definiciones abstractas que lo encajen en un aparato. Necesitamos desarrollar un arte de la educación a través del cual las personas aprendan a convivir de nuevo.

Sólo en nuestra época el ego y el yo parecen no estar encapsulados. En la época cultural hindú, lo espiritual se percibía simultáneamente en lo sensual. El empeño de los Misterios: Hacer comprensible a la gente lo sensual mediante una desviación a través del alma espiritual. Época persa: Percepción del hombre como figura de luz. Época egipcio-cálida: el hombre empieza a ver el mundo exterior de forma sensual y el mundo interior de forma espiritual y mental. Época griega: se establece una clara distinción entre lo físico-corporal y lo espiritual-mental. Hasta la época griega, el yo todavía se percibía a través de conchas. La percepción del ego sin cáscara causa conmoción en la humanidad moderna (ejemplos: Baco de Verulam, Shakespeare, Jean Paul). La pedagogía antroposófica no quiere dar instrucciones, sino caracterizar a las personas. En realidad, no deberíamos hablar de educación. Sólo podemos educar con las fuerzas humanas activas que actúan en nosotros durante la infancia. El pedagogo correcto no puede ser ni un filisteo ni un pedante

La transición de lo revelado a los conceptos desarrollados en la superficie de la naturaleza. Los conceptos que murieron interiormente se han revitalizado en la naturaleza exterior. El pensamiento obtenido de la naturaleza no es suficiente para comprender al hombre. Con el desarrollo de la ciencia natural, el estudio del hombre ha quedado obsoleto. El dragón devora la vida espiritual del hombre. Por lo tanto, el dragón puede tener un fuerte efecto porque el hombre ya no puede comprender al hombre. La creencia de que la materia también persiste a través del organismo humano es prueba de un malentendido de la naturaleza humana. En realidad, la materia sigue transformándose en nada y recreándose en el hombre. Hay que vencer al dragón reconociendo que Miguel también viene de arriba. Toda ciencia actual es una metamorfosis del dragón. El único remedio contra el dragón es penetrar en la esencia espiritual del mundo en la realización. Mediante una educación viva y artísticamente guiada de la juventud, estamos preparando a Miguel el vehículo en el que puede entrar en nuestra civilización. Este es el verdadero impulso básico de toda enseñanza educativa. Lo espiritual es algo vivo que no se parece a los huesos, sino a la sangre. Los vasos en los que fluye esta sangre son las personas que crecen. Sólo cuando el niño se convierta en nuestro educador haciendo descender mensajes del mundo espiritual, el niño se encontrará también preparado para recibir los mensajes que le traigamos de la vida en la tierra. En este curso se debe hablar sobre todo al corazón.

# Primera Conferencia

*Stuttgart, 3 de octubre de 1922*

Mis queridos amigos:

Primero quisiera, en esta noche, dirigirles algunas palabras de saludo para expresar el sentimiento que me inspiró el hecho de que ustedes se hayan reunido aquí. Su portavoz acaba de decirnos, amablemente, cuáles han sido los impulsos que les movieron a acercarse a mí; y creo que mucho de lo que habré de decirles en el curso de los próximos días, será una especie de interpretación de aquello que late en ustedes como vivencias anímicas más o menos intensas, y de lo que desean se eleve a verdadera claridad anímica, en contraste con una claridad meramente conceptual.

No cabe duda de que lo que les condujo a reunirse ha de buscarse en las honduras de sus almas: en efecto, esas honduras han sido embargadas por ciertos impulsos que, en cuanto a su peculiaridad, son de reciente creación. Si bien esos impulsos, tal como actúan precisamente en ustedes, apenas cuentan cien años, ya se manifiestan claramente a quien sea capaz de percibirlos, y se definirá su perfil en el futuro próximo. En los próximos días, trataremos de caracterizar internamente esos impulsos, así como las fuerzas precedentes, opuestas, caducas, del último tercio del siglo XIX. Hoy quiero empezar a caracterizarlas en su aspecto externo.

Creo que todos ustedes perciben que ya no pueden comulgar con aquello que la generación anterior puede decirle al mundo de hoy. Ya en los años 70, 80 y 90 del siglo pasado se destacó en forma artística o teórica, con mayor fuerza que antes, la profunda escisión que existía entonces entre las generaciones mayor y joven. Pero todo lo que, en aquel entonces dijeron los poetas y otras personas a propósito de esa escisión y de ese abismo no es nada comparado con lo que hoy entra en consideración. Hoy en día, en el fondo, la generación más vieja y la joven hablan idiomas anímicos radicalmente distintos, mucho más distintos de lo que nos damos cuenta, sin que se trate de culpa alguna de la generación más vieja frente a la más joven. Manejar el concepto culpa en este sentido sería precisamente moverse entre conceptos que eran usuales en la generación anterior. No se trata, pues, de acusar, sino de tomar consciencia del cambio fundamental del alma humana en las últimas dos décadas de la evolución occidental.

Hace poco tiempo tuve que pronunciar una serie de conferencias en Oxford, Inglaterra. Oxford, con su ambiente universitario, es algo muy especial dentro del contexto de nuestra cultura occidental. ¿Cómo se siente esa peculiaridad? Pues que en Oxford, esto es, en un sitio que integra íntimamente la evolución espiritual occidental, se proyecta en el presente un aspecto no antipático, sino simpático, de la Edad Media, admirable en muchos sentidos.

Nos guiaba un amigo graduado en esa Universidad, y como es obligación en ella, vestido de toga y birrete[1]. Después de recorrer las instalaciones le encontré de nuevo en la calle; y a la mañana siguiente tuve que describirles a mis oyentes ingleses la impresión que me causó nuestro amigo con esa indumentaria, impresión muy sintomática. Esa impresión, con todas las demás experiencias allí vividas, me indujo a utilizar todo ello como imagen, a fin de explicar por qué es necesaria una reforma social que alcance lo profundo de la vida espiritual de nuestra época. Dije: cuando me encontré con nuestro amigo en la calle, pensé que, si en ese momento tuviera que escribir una carta bajo el impacto

---

[1] Amigo inglés: *Harry Collison* (1869-1945), abogado, pintor y escritor, durante muchos años Secretario General de la Sociedad Antroposófica en Inglaterra. Traductor de las obras de Rudolf Steiner.

inmediato de ese encuentro, no sabría qué fecha ponerle; me sentiría tentado de fecharla más o menos en el siglo XII ó XIII, para mantenerme congruente con el estilo en que aquello es posible. Realmente, allí se ha conservado algo que no corresponde al momento presente; nada similar existe en la Europa Central. Sin embargo, lo que prevalece en los círculos influyentes de la vida espiritual centroeuropea es, a su vez, producto de evolución, nacido de lo que acabo de caracterizar.

En la Europa Central las togas virtualmente han desaparecido, a excepción de algunos actos de particular solemnidad, donde los rectores y demás funcionarios tienen que ponérselas muy a pesar suyo. Nuestro amigo, que era abogado, me dijo: si yo le condujera por Londres, tendría que vestir de abogado y, en vez de birrete, ponerme peluca.

Ya ven ustedes, amigos míos, cómo se presenta algo hoy anacrónico, pero vital en siglos pasados: una Edad Media transportada al presente. Aquí, en la Europa Central, hemos trascendido lo caduco que vivía en la generación anterior: primero se depuso el vestuario; luego, en rápido salto, se adoptó un modo de pensar ligeramente diferente, si bien hundiéndose después en el materialismo. El contraste entre la Europa Central y la Occidental es sumamente grande; se trata de un significativo fenómeno que prefiero caracterizar por medio de un hecho, no con palabras abstractas.

En la Europa Central nos hemos olvidado de Goethe y adoptado a Darwin, a pesar de que Goethe captara en profundidad las intuiciones que Darwin alude tan solo en forma superficial. Quizá podría objetarse que no se ha olvidado a Goethe, que existe, por ejemplo, la Sociedad Goetheana. No creo que ustedes pongan ese reparo; por lo tanto, tampoco me extenderé en este asunto. Goethe y, con él, el impulso espiritual centroeuropeo que le hizo ascender, quedaron olvidados en la segunda mitad del siglo XIX. Pero todo eso no son más que síntomas. Lo principal es que, en la trayectoria seguida por la Europa Central y su vida espiritual, las principales instituciones culturales ya se emanciparon en los siglos XIII, XIV y XV del espíritu formal que, en la Occidental, se ha perpetuado hasta nuestros días. Desde aquellos tiempos en que se emanciparon las instituciones culturales centroeuropeas de mayor categoría, se ha perdido, en la Europa Central, lo espiritual que soplaba y palpitaba a través de las almas; no se ha perdido en el hombre, pero sí en la conciencia. De ahí que también Goethe se desvaneciera de la conciencia.

En la Europa Occidental se ha conservado aquella espiritualidad, como tradición, en manifestaciones externas; en la Europa Central, particularmente en el área de las lenguas germánicas, se ha reprimido en las honduras de la vida anímica, sin penetrar la consciencia, tendencia ya perfilada en el último tercio del siglo pasado.

El estudio histórico profundo de ese último tercio nos lleva a extraños descubrimientos: si analizamos el contenido de la literatura que leen los que participan en la estructuración de nuestra vida espiritual, notamos que, hasta los años 80 ó 90 del siglo pasado, prevalecía en las revistas y periódicos de habla alemana un estilo muy distinto del actual. Prevalecían entonces las filigranas y el contorneo de los pensamientos, estilo que se complacía en objetivar ciertos gestos mentales; que se empeñaba incluso en la belleza de las ideas. Hoy, en cambio, nuestro estilo en las áreas respectivas se ha vuelto tosco y torpe en comparación con el último tercio del siglo XIX. Basta con detenerse en alguna obra, la que sea, escrita entre los años 60 ó 70, no docta, simplemente poseedora de cultura general, y uno se dará cuenta de esa gran diferencia. Las formas de pensamiento han cambiado; pero lo que hoy es tosco y torpe tiene su origen en lo que, a menudo afiligranado e ingenioso, era común en la cultura erudita del último tercio del siglo XIX. Precisamente en aquellas décadas vemos prepararse algo;

y los que hoy pertenecen a las generaciones mayores, sin que, en el sentido de la vida espiritual moderna, hayan envejecido ellos mismos, han sido testigos de ello: lo que entonces invadía negativamente toda vida cultural es lo que, simbólicamente, quiero cifrar en el término *palabra vacía* o *frase huera*.

Al contacto con la frase huera, se desarrollaron la superficialidad intelectual, la falta de principios y la carencia de voluntad, hoy en camino de mayor prepotencia: todo ello surgió, en primer término, de aquella fraseología. Es posible rastrear, incluso en sus síntomas externos, cómo la frase vacía fue configurándose, particularmente durante aquellas décadas. No necesitamos que las cosas de alguna época nos sean simpáticas: basta con que observemos su significado para todo el gran contexto humano.

Recuerden los maravillosos y entrañables matices que podíamos encontrar en el romanticismo alemán del primer tercio del siglo XIX; recuerden las palabras de *Jakob Grimm*[2] en torno a lo espiritual, soplando como brisa nemorosa, fresca y sana, y dirán: en ese tiempo todavía no había fraseología en la Europa Central; la que se inició en el último tercio del siglo XIX. Quien tenga sensibilidad sabe cómo, poco a poco, fue despuntando la época de la frase vacía, en la que agoniza la verdad como vivencia interna. Y con la frase se relaciona algo más: la incapacidad del hombre de percibir al prójimo en la vida social.

Cuando el sonido sin alma sale de la boca, como sucede con la frase huera, caminamos unos junto a otros sin comprendemos. He aquí otro fenómeno que alcanzó su culminación en el último tercio del siglo XIX, no en las profundidades del alma, pero sí en la conciencia: más y más, los hombres se enajenaron mutuamente. El que, en ese tiempo, resonara con creciente insistencia el clamor

---

[2] *Jakob Grimm*, 1785-1863, el mayor de los Briider Grimm, fundador de los estudios alemanes y de la antigüedad alemana.

por impulsos y reformas sociales es síntoma de que los hombres habían perdido su natural instinto social: por no sentir ya lo social, se sentían empujados a gritar por ello. El animal hambriento no grita por su alimento porque lo tenga en el estómago, sino porque no lo tiene. El alma que clama por lo social, no lo hace por sentirse saturada de socialidad, sino porque carece de esa sensación. Así, poco a poco, el hombre sufrió una transformación de la que hoy nadie tiene consciencia; es decir, el hombre se convirtió en un ser que no siente la necesidad de entrar en relación con el prójimo; se topa con él sin encontrarlo: el máximo interés del individuo es el interés en sí mismo, su egocentrismo.

¿Qué es lo que se ha generalizado particularmente en el último tercio del siglo XIX, y luego transferido al siglo XX como conducta social entre un hombre y otro? Hay una frase que, hoy día, pueden ustedes oír por doquiera: "Este es mi punto de vista". Cada uno tiene su punto de vista, como si esto tuviera alguna importancia. El punto de vista es tan pasajero en la vida espiritual como lo es el punto de vista en la vida física. Ayer estuve en Dornach; hoy me encuentro aquí: he ahí dos situaciones diferentes en la vida física. Lo que importa es tener sana voluntad y sano corazón para contemplar el mundo desde cualquier situación. Pero nuestros contemporáneos no pretenden lograr lo que alcanzarían desde diferentes puntos de vista; lo que les importa es el afianzamiento egoísta de su propia situación. Con ello, sin embargo, uno se aísla, de la manera más rigurosa, del prójimo. Si el otro afirma algo, él ni siquiera escucha, porque tiene su propio punto de vista. Es imposible el acercamiento, porque solo lo logramos si sabemos situar los diferentes puntos de vista dentro de un mundo común, ese mundo común que hoy falta totalmente, pues solo podría encontrarse en el espíritu. Y como que ya el espíritu no existe...

Primero, la frase vacía; segundo, el punto de vista; y ¿qué es lo tercero? Nosotros como población centroeuropea, nos hemos vuelto, progresivamente en el curso del siglo XIX, más débiles de voluntad, en el sentido de que el pensamiento ya no cobra la necesaria fuerza de templar la voluntad para que el hombre, ente mental, pueda configurar el mundo desde su pensamiento.

Cuando hoy día se afirma que los pensamientos son pálidos, no debiéramos deducir que podríamos vivir sin pensamientos. La realidad es que no debieran ser tan débiles como para quedarse sentados ahí arriba, en la cabeza, sino tan vigorosos como para fluir a través del corazón y del hombre entero hasta los pies. Sin duda, es mejor que, en vez de simples corpúsculos rojos y blancos, también latan pensamientos en nuestra sangre. Todos estamos de acuerdo en que es valioso que el hombre tenga corazón, no tan solo pensamientos; pero más valioso todavía es que los pensamientos tengan corazón, cosa que se ha perdido por completo. Ya no podemos librarnos de los pensamientos que se generaron en los últimos cuatro o cinco siglos; pero hemos de dotarles de corazón.

Y ahora, amigos míos, voy a decirles, en forma puramente externa, qué es lo que vive en sus almas: ustedes se han desarrollado, y han conocido a la generación anterior. Esa generación se les presentó en palabras, y ustedes oyeron solo frases vacías: intuyeron así tan solo un elemento antisocial en ella, el uno pasaba indiferente al lado del otro. Y al contacto con la generación anterior, percibieron asimismo la importancia del pensamiento actual, para palpitar a través de la voluntad y del corazón.

Mientras subsistía todavía el legado de la generación preanterior, era posible mantenerse con la frase huera, con el convencionalismo antisocial y con la simple rutina vital. Ese legado se había desvanecido hacia finales del siglo XIX; así, nada les hablaba a ustedes a la propia alma. Pero ustedes sentían que, en las profundidades, precisamente en la Europa Central, existe el ansia de encontrar el camino de regreso hacia aquello que, en un tiempo pasado, había existido más allá de la palabra huera, del convencionalismo y de la rutina, o sea, el ansia de experimentar de nuevo la verdad, la comunidad humana, y de palpar de nuevo la cordialidad de toda la vida espiritual. "¿Dónde está eso?"– pregunta en cada uno de ustedes la voz interior.

Aunque no se anunciara con claridad y nitidez, en los albores del siglo XX, cuando un joven y un viejo se encontraban, podía escucharse, a menudo, al viejo diciendo: He ahí mi punto de vista. En efecto, al terminar el siglo XIX, todos los hombres tenían su punto de vista: uno era materialista, otro idealista, otro realista, otro sensualista etc. Pero paulatinamente, bajo el imperio de la fraseología, del convencionalismo y de la rutina, los puntos de vista habían llegado a una delgada capa de hielo: la época glacial de la espiritualidad. Sólo que, aunque la costra era delgada, como los puntos de vista de los hombres habían perdido la sensibilidad de su propio peso, no podían perforarla. Fríos además sus corazones, no podían calentar esa costra de hielo. Los más jóvenes estaban al lado de los viejos, sí con cálido corazón, que perforaba la costra de hielo, pero incapaz todavía de hablar. Por eso el joven no sentía "éste es mi punto de vista", sino "se me hunde el suelo bajo los pies". "Mi propio calor de corazón resquebraja el hielo, producto de contracción de la fraseología, el convencionalismo y la rutina". Aunque no se enunciara claramente ese sentimiento –pues hoy día nada se enuncia claramente–, ese fenómeno nació hace bastante tiempo, y subsiste en el presente.

¿Quién tropieza con las mayores dificultades al respecto? Quien trate de orientarse en nuestro tiempo, basándose en su propia erudición. Lo que él tiene a su alcance son los pensamientos que, con toda intención, se delinearon "sin corazón". Si uno habla con fundamento en el espíritu, surge a veces la necesidad de formular las palabras en forma un poco diferente a la usual, cuando se diserta sobre no importa qué tema en términos sumamente lógicos, filosóficos, científicos. Esa manera de hablar, sin embargo, vista desde lo espiritual, es a veces muy inmoral; y les daré un ejemplo de semejante grosería ante lo espiritual.

La gente de hoy dice: No es auténtico hombre de ciencia quien no interpreta con perfecta lógica la observación y el experimento; quien no avanza en secuencia de pensamiento, tal como lo prescriben los métodos correctamente delineados; no es auténtico pensador, quien no lo hace así. Pero, amigos míos, ¿y si la realidad fuera artista que se burlara de nuestros sofisticados métodos dialécticos y experimentales? ¿Y si la propia naturaleza trabajara según impulsos artísticos? En este caso, para estar de acuerdo con la naturaleza, la ciencia humana habría de convertirse en artística, pues de lo contrario permanecería inabordable aquélla. Sin embargo, éste no es el punto de vista de los hombres de ciencia modernos quienes sustentan: nos es indiferente el que la naturaleza sea artista o soñadora, nosotros decretamos cómo ha de practicarse la ciencia. ¿Qué nos importa el que la naturaleza sea artista? No nos importa, porque no es nuestro punto de vista.

Para empezar, no puedo sino describirles algunos sentimientos que muestran cuántas tendencias antagónicas se cruzaron en forma caótica al acercarse el siglo XX, ese siglo que a ustedes, mis jóvenes amigos, les ha exigido pruebas anímicas tan duras. Los acontecimientos externos que nos salieron al encuentro, incluso la terrible y cruel Guerra Mundial, no son sino expresión externa de lo que, en el mundo civilizado moderno, prevalece en el interior de las almas. ¿Qué le vamos a hacer? Tener consciencia de ello. Pero asimismo, seamos conscientes de que, ante todo, hemos de buscar algo a lo que aspiran los fondos arcanos del alma, precisamente del pueblo alemán –como acertadamente afirmó vuestro portavoz–, pero que, precisamente en Alemania, fue conscientemente denegado conforme se avecinaba la época moderna. Hemos perdido no solo a *Goethe*[3] sino también mucho de lo que integraba la Edad Media en la que Goethe arraigaba, y hemos de encontrarlo de nuevo. Entonces, a la pregunta: ¿por qué vinieron ustedes hoy aquí? quiero responder: para encontrar ese algo. Porque están ustedes buscando algo que ya existe. Goethe dio respuesta a la pregunta de cuál era el secreto más importante: ...";el manifiesto!". Pero solo puede hacerse evidente si se abren los ojos para percibirlo. Si ustedes se comprenden a sí mismos, se darán cuenta de que su inquietud preferentemente se relaciona no con logros externos, sino con asuntos y ansias internos. Poco importa el que el uno o el otro se desenvuelva en el campo pedagógico o en otro distinto. Lo esencial es que todo lo que hoy buscan los hombres deseosos de su integridad humana, se busque desde el centro común de la genuina condición humana. Y con este propósito nos hallamos aquí reunidos.

Cosa distinta es que, en siglos pasados, los hombres –tomemos un caso radical– quemaran a un *Giordano Bruno*[4]; esta era entonces la manera usual de refutar las verdades. Compárenlo con el caso del médico suabo *Julius Robert Mayer*[5], para tomar un ejemplo del campo científico. En un viaje alrededor del mundo, estando en el sur deAsia, Mayer, al observar la sangre, dio con la teoría que hoy se conoce como teoría del equivalente termodinámico, o como axioma de la Conservación de la Energía. En el año 1844 redactó una publicación sobre el tema; y la revista científica de mayor prestigio de aquella época, los "*Poggendorffsche Annalen*", la rechazó por falta de profesionalismo e inadecuada. Y como sea que Julius Robert Mayer estaba tan en-

---

[3] *Goethe*. "Eso se revela: en "*Das Marchen*" (conversaciones de emigrantes alemanes, segunda noche).

[4] *Giordano Bruno*, 1548-1600, filósofo italiano. Tras siete años de prisión, fue condenado a muerte y quemado por la Inquisición.

[5] *Julius Robert Mayer*, 1814-1878.

tusiasmado con la idea que hablaba de ella siempre que se encontraba con alguien en la calle, los expertos consideraban que sufría de obsesión maniática. Como es sabido, se le declaró demente y se le internó en un sanatorio. ¿Y hoy? Se puede viajar a Heilbronn y encontrar ahí el monumento a su memoria. Se afirma, y con razón, que él encontró la ley física más importante de los tiempos modernos. Bueno, ésas son cosas que pueden pasar; la humanidad puede equivocarse. Lo esencial es la manera actual de enjuiciar un incidente como ése, con base en la frase vacía, en el convencionalismo y en la mera rutina.

Repasen las exposiciones en que se describe el caso profundamente trágico de aquel genio inmisericordemente ridiculizado. Lean lo que se escribió sobre él en el siglo XIX, y compárenlo con un análisis actual. Lo que entonces pasó, no puede invalidarse con descripciones abstractas. Al que tiene corazón y lee o escucha las descripciones actuales, se le derrumban todas las fuerzas internas de sostén y su alma se estremece.

Los hombres tienen que reconquistar la facultad de intensos sentimientos: bello-feo, bueno-malo, veraz-mendaz; conseguir sentimientos que no sean débiles, sino recios, identificarse con ellos con todo el peso de su personalidad, para que sus palabras queden nuevamente saturadas de sangre del corazón. Cuando sea así, se disipará la frase huera, y se volverá a sentir al prójimo dentro de uno mismo, no solo sentirse a sí mismo; se disipará el convencionalismo, y se podrá nuevamente dejar que la sangre palpite en lo que es contenido cerebral; se disipará la vida de la mera rutina, para volver a humanizarse.

He aquí lo que siente la juventud del siglo XX: busca, pero no encuentra sino el caos. Todo esto no puede caracterizarse con datos tomados de la historia externa. A fines del siglo XIX se encontró un gran punto crucial de la evolución interna de la humanidad: las almas nacidas poco antes o después de la vuelta del siglo tienen una constitución interna totalmente distinta de las nacidas en el último tercio del siglo XIX. Es posible hablar de ello, y de hacer ciertas comparaciones si, a pesar de haber acumulado años, uno no ha envejecido.

Mañana empezaremos, pues, a ver por qué la nueva generación no se ha vinculado con la vieja, sino que se halla distanciada de ella por un abismo: no se trata de acusar, sino de comprender. Ni siquiera quiero acusar al referirme a la gran tragedia que abatió a Julius Robert Mayer; muchos son los que han sufrido destinos similares. No se trata, pues, de acusar sino de comprender el por qué. Lo esencial es, pues, que se comprenda lo que íntimamente se *vivencie*: ya no puede seguir por mucho tiempo el predominio de una búsqueda confusa. Sobre esa búsqueda hay que verter cierta luz evitando, sin embargo, la sequedad y frialdad, lo que solo es posible conservando la sangre del corazón, la cordialidad.

En ningún aspecto deseo engañarles con sugerirles nada místico: les mostraré por doquiera la verdad, es decir, la verdad en espíritu. Ya saben ustedes que, entre las muchas frases que circulaban en el siglo XIX, se encuentra también esa de que el gran pionero de ese siglo terminó su vida exclamando en el último momento, para que lo oyera la posteridad: ¡Más luz! Yo no les digo a ustedes eso, porque Goethe tampoco lo dijo. Goethe yacía en su sillón, respirando con dificultad, y dijo: abran los postigos. He aquí la verdad; lo demás es la frase que se le ha colgado. Quizá lo que Goethe dijo realmente, nos es más útil que la abstracta frase "más luz". Y es que, a consecuencia de la situación prevaleciente a fines del siglo XIX, nació la sensación: los que nos precedieron, cerraron los postigos. Y luego vino la joven generación, se sintió asfixiada y sintió que era necesario abrir de nuevo los postigos que la generación anterior había cerrado tan firmemente.

Mis jóvenes oyentes, aunque yo sea viejo, les prometo que, en lo sucesivo, hablaré de cómo podemos lograr la apertura de los postigos.

# Segunda Conferencia

*Stuttgart, 4 de octubre de 1922*

Cuando, hoy día, se habla del Movimiento de la Juventud, se puede distinguir claramente entre ese movimiento en sentido lato, y el Movimiento Juvenil en sentido específico, que es el de la juventud universitaria y el de los jóvenes que buscan su propia realización en las escuelas o en inquietudes pedagógicas en general. No lo digo porque quisiera poner particular énfasis en uno u otro aspecto, sino porque nos será más fácil alcanzar la meta que nos hemos propuesto, una vez enfocadas las dificultades principales de la vida interna que predomina particularmente entre la juventud universitaria y académica.

En nuestras reflexiones partiremos a menudo de ciertos pormenores desde los cuales rápidamente avanzaremos a perspectivas de mayor alcance. Por eso, permítanme empezar con unas palabras acerca de las experiencias anímicas vividas, precisamente por la juventud universitaria. En verdad, todo ha venido gestándose desde hace muchas décadas; pero en el último decenio, se ha llegado a cierto clímax que nos permite percibirlo más claramente.

La juventud universitaria busca algo, lo que no es extraño porque si va a la Universidad, es que algo busca. La juventud buscaba dirigentes que la enseñaran, o maestros que la dirigieran: no los encontró. Y ésta era la terrible realidad, expresada de distintas maneras: o con terminología conservadora, o con terminología radical; un grupo afirmando algo sumamente acertado, el otro afirmando necedades. Todos, sin embargo, coincidiendo: ya no encontramos maestros. ¿Qué encontraban, pues, al entrar en la Universidad? Los individuos en su cátedra, pero no lo que buscaban; individuos orgullosos de no ser ya maestros propiamente tales, sino investigadores; las universidades y demás escuelas superiores se establecieron como centros de investigación, ya no existían para el hombre, sino tan solo para la ciencia, esa ciencia que en la sociedad humana llevaba una existencia designada como objetiva: les inculcaba a los hombres, en todas las variaciones posibles, que había que respetarla como tal ciencia objetiva. A veces es útil expresarse en forma un poco pictórica. Digamos, pues, que la ciencia objetiva deambulaba entre las gentes, pero, sin duda, sin ser ella misma un ser humano; esa cosa inhumana deambulaba entre ellas, y se llamaba ciencia objetiva.

Podía esto comprobarse con muchos detalles. Cuántas veces no hemos oído: "esto ya se sabe; ya pertenece al caudal de la ciencia". Luego sigue otro descubrimiento, y se amontonan en un almacén los llamados tesoros de la ciencia que, poco a poco, ha ido adquiriendo esa horrible existencia objetiva en el seno de la humanidad. Pero los hombres no son consustanciales con esa entidad objetiva que, muy ufana, les rodea, porque realmente no hay afinidad alguna entre ella y el verdadero hombre. Es verdad que, poco a poco, hemos venido recibiendo bibliotecas e institutos de investigación científica, pero el joven estudiante no busca ni las unas ni los otros. Aunque, hoy día, sea vergonzoso confesarlo, de lo que tiene sed es de hombres. Y en las bibliotecas solo encuentra bibliotecarios, y en los institutos de investigación científica, en lugar de seres humanos que ardan en entusiasmo por la sabiduría y por el auténtico afán de conocimiento, solo topa con empleados de laboratorio, de institutos de investigación, de clínicas, etc. Los titulares inamovibles se sienten tan cómodos que, ya ni siquiera hacen allí acto de presencia; basta con que esos centros existan. Pero no es posible que se desvanezcan; si pretenden ese tipo de ausencia, estarán presentes con aún mayor peso y, en vez de actuar a través del elemento humano, actuarán con su plúmbea pesantez.

Otra manera de expresar esa realidad: sin duda, el hombre aspira a la naturaleza. Pero no hemos de olvidar, para tomar de una vez un ejemplo radical, que la naturaleza se extiende ya en torno al infante, incapaz todavía de recibir nada de ella por sí solo en su alma y espíritu; ha de ser a través de su comunidad con los mayores, como puede él *vivenciar* su relación con ella. Esto subsiste, en cierto modo, hasta bastante avanzada la juventud, que necesita todavía de los adultos para, en su compañía, experimentarla. Eso no fue posible en los recientes decenios: no existía el lenguaje común entre viejos y jóvenes, para entenderla.

Cuando los viejos hablan de la naturaleza, es como si, con sus palabras, la oscurecieran, es decir, como si los nombres que dan a las plantas, ya no les correspondieran. Hay un desajuste general. Por un lado, el joven tiene ante sí el enigma "planta"; luego, los viejos le informan de su nombre, pero falta la correspondencia, porque el hombre se halla eliminado, es decir, la entidad objetiva llamada "ciencia" deambula por la Tierra. He ahí el proceso lento y gradual que, en los últimos decenios, llegó a cierta culminación.

¿Cómo? En el siglo XIX, se pone en evidencia, muy significativamente, un fenómeno particular. Con un poco de fantasía, moviéndose dentro del sistema de enseñanza superior de los recientes siglos, se topaba, a cada rato, con esa entidad objetiva "ciencia" en las más variadas formas, si bien pretendiendo siempre ser la ciencia única, verdadera y objetiva. Pero en cada nuevo encuentro con ella, latía la intuición de que otra entidad se escondía a hurtadillas y avergonzada, por sentir no ser ya tolerada. Incitado, en los transfondos ocultos, a hablarle a esa otra entidad, ella susurraba: Mi nombre ya no debe mencionarse ante la ciencia objetiva: me llamo Filosofía. "Sofía" es Sabiduría, y "Filo", nombre que es ignominioso por significar Amor, con lo cual quedo acusada públicamente de que algo tengo que ver con la interioridad humana. No pudiendo aparecer en público, tengo que esconderme avergonzada. La ciencia objetiva se jacta de no tener nada que ver con 'filo', con amor; y, por añadidura, ha perdido también la 'sofía', la sabiduría. Por eso, ando de aquí para allá, porque todavía late dentro de mí algo elevado de sentimiento y humanidad. He aquí la imagen que, con cierta frecuencia, se insinuaba, y que objetiva lo que confusamente sentían numerosos jóvenes de las recientes décadas.

Así como la representación se expresa de un modo, y el sentimiento de otro, así también la juventud ansiaba una expresión para el objeto de su búsqueda. Los que fueron quizá los más entusiastas en las últimas décadas, los que con mayor intensidad sentían el calor de su edad, se desahogaban en los términos más imprecisos, porque lo único de lo que estaban seguros era: buscamos algo. Pero cuando trataban de expresar qué era lo que buscaban, en realidad, no era nada. Es verdad que, según las palabras de Fausto[6], la "Nada" es, a la vez, el "Todo", pero el Todo se presentaba con indumentaria de Nada. Había pues que franquear un abismo. Esta era la sensación que, en el fondo, perdura aún en nuestros días. Esta sensación solo puede comprenderse históricamente, no en sentido antiguo, sino en una acepción nueva.

Quiero hablar ahora de algo totalmente distinto, pero que se conjugará después con lo ya expuesto. Más o menos al principio de la Era Cristiana, el hombre todavía podía sentirse distinto a como se siente hoy, porque en su sentir y percibir subyacía mucho de lo antiguo: el alma poseía herencias. Semejantes herencias perduraron, no solamente durante los comienzos de nuestra Era, sino hasta bien entrada la Edad Media. Hoy, en cambio, las almas entran en el mundo sin legado alguno; particularmente en nuestro siglo, se observa su carencia de patrimonio. Esto es un aspec-

---

[6] "En tu nada espero encontrar el universo": "*Fausto*", Fausto a Mephisto, Parte 2, Acto 1, Escena 5 (Galería Oscura).

to, ¿y el otro? Si pudiéramos preguntar a quienes vivieron a principios de nuestra era, si se interesaban mucho por lo que hoy se engloba en el término educación, nos daríamos cuenta de que cuanto más se remonta uno en el pasado, tanto menos se habla de educación. Se puede hablar de ella en muchos aspectos; referirse, por ejemplo, a ella en su función de preparar a la juventud para lo que ella pretenda ser en la edad adulta. Al fin y al cabo, por jóvenes que seamos, nuestro destino terrenal es, precisamente, envejecer.

Antaño, los hombres eran jóvenes naturalmente y se hacían viejos naturalmente también; hoy vivimos en un mundo en que, en realidad, ya no les es posible ser jóvenes ni viejos de manera natural; ya no se sabe cómo se es joven ni cómo se es viejo; ya no se sabe. Por eso, se habla tan prolijamente de educación, de cómo hacer joven a la juventud, para que, algún día, envejezca de manera respetable. ¿Cómo lograr que los hombres sean jóvenes y asimilen, de manera decorosa, lo que les dé la posibilidad de envejecer como corresponde a su dignidad humana?

Hace siglos, todo esto estaba sobreentendido. Hoy día se habla mucho de educación, sin darse cuenta de cuán absurdo es hablar de ella. ¿Por qué es, hoy día, la educación tema favorito? No por haber comprendido que fue mala la propia educación, sino por darse cuenta de que, por haber sido deficiente, se tropieza con dificultades en la vida. Y así, la gente habla de educación, porque descubre que han carecido de ella; la juzgan mala, sin haber jamás captado la acertada. No obstante, uno se arroga un juicio competente en materia de educación; se clama a gritos por programas educativos, porque se siente certidumbre interna. Por doquier podría comprobarse que siempre existe una recia voluntad, pero sin contenido. Eso es lo que siente la juventud: la voluntad carece de contenido. ¿Por qué esa falta de contenido? Porque solo desde tiempos muy recientes de la evolución terrenal existe, hoy día, algo realmente nuevo.

Al decir esto, tengo que llamar su atención sobre algo a lo que solo puedo aludir a grandes rasgos, algo que, sin embargo, se les perfilará más y más, cuando se detengan en mi *Ciencia Oculta*[7]. Encontrarán en ese libro la entidad Tierra descrita como herencia de otra concreción cósmica anterior. No importan los nombres. Yo las llamé existencias saturnal, solar y lunar; pero la primera etapa de esa existencia terrestre no fue sino recapitulación de las existencias cósmicas anteriores. La Tierra empezó teniendo tres períodos de recapitulación: su tiempo saturnal, el solar y el lunar, terminados los cuales siguió el período terrestre propiamente como tal, la época atlante, que no era, a su vez, sino recapitulación, a nivel superior, de algo que ya había existido anteriormente.

Vino luego la época postatlante, que significó ascenso a un nivel todavía más elevado. Pero, de nuevo, fue tan solo recapitulación de algo que ya había existido antes: la época postatlante era repetición de repetición. Efectivamente, hasta el siglo XV d.C, la humanidad vivía en puras repeticiones, en puras herencias; hasta el siglo XV, el hombre no era una hoja en blanco, anímicamente hablando. De las profundidades de su alma ascendía toda clase de contenido, como por sí solo. Unicamente desde entonces es nueva la Tierra; pues antes se vivía en ella de puras herencias. Generalmente no nos damos cuenta de que solo desde el siglo XV es nueva la Tierra, en tanto que, anteriormente, se vivía a expensas de viejos legados. Desde el siglo XV, el hombre se encuentra frente a la nada; nada se halla escrito en su alma. Y ¿cómo se vive desde entonces? En la primera etapa, pasaba de padre a hijo, por medio de la tradición, el legado que antes se transmitía de manera distinta, o sea que, del siglo XV hasta el XIX seguía existiendo una tradición que, poco a poco, se iba desvaneciendo, como pueden ustedes comprobar por ciertos detalles.

---

[7] Rudolf Steiner, *La Ciencia Oculta* (1910) GA13

Tomen el derecho, por ejemplo. A *Escoto Erígena*[8] no se le habría ocurrido referirse a él como hace la humanidad actual, porque en su tiempo (siglo IX) el alma poseía un contenido que la inducía a hablar de hombre a hombre. Esto ya no existe actualmente, porque en el alma ya no queda nada que conduzca hacia el prójimo, y no hay nada que permita superar la nada. En siglos recientes, por lo menos era posible que el padre le transmitiera al hijo lo que permitiera la relación humana y la superación de la nada; pero a fines de siglo XVIII, se había ya llegado al extremo de que el padre nada tenía que decirle al hijo que valiera la pena. Fue entonces cuando los hombres empezaron a buscar denodadamente el llamado Derecho de la Razón, para que precisamente la razón permitiera llegar a representaciones e intuiciones sobre lo jurídico. Luego otras personalidades, *Savigny*[9] por ejemplo, se dieron cuenta de que nada podía ya exprimirse de la razón. Se avanzó al Derecho Histórico. Se estudió entonces lo que alguna vez había existido, y en vez de sentimientos vivos, se hartaba uno de momias de sentimientos caducos. El Derecho de la Razón fue el desesperado intento de conservar algo ya perdido, en tanto que el Derecho Histórico fue reconocimiento de que está vacío el hombre moderno, nada puede extraerse de él. Esa ha sido la entrada en el siglo XX: exacerbación del sentimiento de hallarse frente a la nada, y necesidad de encontrar algo que partiera del hombre.

En la antigua época griega, hablar de ciencia objetiva hubiera significado tropezar con incomprensión absoluta. De forma distinta, expresaba el hombre su relación con el mundo. Aludiendo a su visión espiritual, el griego hablaba de Melpomene, de Urania, de las Artes Liberales que, aunque entidades reales, no eran entidades que deambularan por la

---

[8] *Escoto Erigena*, hacia 810 - hacia 877, traductor de los escritos de Dionisio Areopagita, autor de "De divina praedestinatione", "De divisione naturae" y otros. En 1225 el Vaticano ordenó quemar todos sus escritos.

[9] *Federico Carlos von Savigny,* 1779-1861. Importante jurista.

Tierra. Incluso en los tiempos en que ya había una filosofía, el griego intuía su relación con el mundo espiritual como realidad muy concreta: las Musas a las que amaba, eran auténticas entidades, con las que se relacionaba como con seres reales. No era mera palabrería, como creen los filósofos modernos, el que Homero empezara su Ilíada con las palabras: *"Cántame, Musa, la ira del peleído Aquiles"*. Homero se sentía como una especie de vaso; sentía que la musa hablaba a través suyo, llenándole de un elemento sobrehumano.

Cuando *Klopstock*[10] ya no quería moverse dentro de la estereotipada fraseología en que había nacido, al menos logró expresarse en esta forma: ... "Canta, alma inmortal, la redención de la humanidad pecaminosa". Pero, poco a poco, también se ha desvanecido ese alma inmortal, proceso lento y paulatino. En los primeros siglos de la Era Cristiana, las Musas concretas paulatinamente se habían convertido en damas terriblemente flacuchas, y se llamaban: Gramática, Dialéctica, Retórica, Aritmética, Geometría, Astrología y Música; habían perdido toda calidad palpable; ya en *Boecio*[11], carecen casi de fisonomía concreta. Y así, ya no es posible amarlas como antes. No obstante, todavía siguen siendo mozas rechonchas en comparación con la "ciencia objetiva" que hoy ronda entre los hombres. Lenta y paulatinamente, el hombre fue perdiendo la conexión de tiempos pasados con el mundo espiritual. Y tuvo naturalmente que perderla, porque había llegado el momento de encaminarse hacia la plena libertad, y de conformar, por y desde sí mismo, todo el mundo. He ahí el desafío desde el siglo XV; pero no sería hasta finales del siglo XIX, y particularmente hasta el siglo XX, cuando se cobre plena consciencia de ello, pues entonces ya se habían esfumado, no solo las herencias, sino también las tradiciones: los padres ya no tienen nada que transmitir

---

[10] *Friedrich Gottlieb Klopstock*, 1724-1803, comienzo del "Mesías".

[11] *Boecio*, 480-524, estadista romano y filósofo cristiano, autor de "De consolatione philosophiae".

a sus hijos. El sentimiento actual es: nos hallamos frente a la nada; la Tierra, en realidad, es otra distinta.

Puede expresarse también de manera distinta lo que acabo de decir, planteándose la pregunta: ¿qué habría sido de la Tierra si no hubiera acontecido el Hecho de Cristo? De no haber acaecido, la tierra se habría desecado paulatinamente en cuanto a la vida anímico-espiritual de la humanidad. El Hecho de Cristo no podía, pues, esperar hasta el día de hoy: tenía que suceder un poco antes de que se hubieran consumido todas las herencias de antaño, ya que solo así era posible captar intuitivamente algo de ese Evento. Traten ustedes de concebir la siguiente imagen: si al final del siglo XIX, o a principios del XX, hubiera sobrevenido algo comparable al Evento de Cristo que tuvo lugar a principios de nuestra era, ¡qué risa burlona se habría desatado entre nuestros contemporáneos ante la pretensión de que semejante evento pudiera tener importancia alguna! Es inconcebible lo que la gente hubiera sentido ante semejante pretensión. La actitud que ante el Hecho de Cristo hubo de prevalecer era muy distinta, pues todavía no cabía la sensación de hallarse ante la nada; tuvo lugar en el primer tercio de la cuarta época postatlante; y la terminación de esa época marca asimismo el fin de lo antiguo.

Algo nuevo comienza en el siglo XV, con la quinta época cultural postatlante, en la que actualmente nos hallamos. En esta quinta época ya no hay tradiciones; fueron agonizando poco a poco. Ahora en nuestro siglo XX, ante las preguntas religiosas más profundas e íntimas del Hecho de Cristo, nos hallamos claramente ante la nada; y poco a poco, se ha hecho imposible que incluso los teólogos lleguen a comprenderlo. Intentan deducir de la Teología contemporánea alguna concepción razonable sobre lo que es el Hecho de Cristo; se destacan por más egregios los teólogos que sagazmente descristifiquen a Jesús. Evidentemente, nos hallamos ante la nada.

Todo esto no son sino síntomas externos, pues lo auténtico tiene lugar en estratos más profundos de la vida anímica. Como por magia, esos estratos más profundos introducen en las almas de la humanidad que llegó a su juventud en las recientes décadas, algo que puede expresarse aproximadamente como sigue: el hombre se siente como divorciado de la corriente del suceder universal; y así, en su desarrollo anímico tuvo lugar un incidente comparable a un terrible choque.

Imaginen que mi mano tuviera sensibilidad propia, y me la cortaran ¿Qué sentiría? Se sentiría cortada; se sentiría carente de vitalidad. Así es como, desde el último tercio del siglo XIX, el alma se siente cortada, divorciada, de la corriente general del suceder universal, y ante el hombre se yergue la angustiosa pregunta: ¿Cómo revitalizo mi alma?

Si luego alguien trata de señalar un camino con base en los impulsos que pueden conducir a esa revitalización, la gente sumida en el cauce de la antigua vida espiritual simplemente no entiende. Cuán poco se entiende, por ejemplo, lo que, arraigado en la vida real, se dice a propósito de la fundación de la Escuela Waldorf[12]. Por lo regular, la gente capta algo totalmente distinto de lo que correspondería: siente que se les está hablando en el mismo lenguaje que antaño. Sin duda, las palabras con que hoy se describe la Escuela Waldorf están en los libros; ya figuran en el vocabulario de la terminología tradicional, y al pretender recurrir a otros términos, o simplemente alterar la construcción de las frases, queda uno culpado de ignorancia del idioma, de pobreza lingüística; la gente no tiene idea de lo que exige el momento presente, cuando la humanidad, todavía con alma en el cuerpo, se halla frente a la nada.

---

[12] Escuela Waldorf: la primera de las escuelas primarias y secundarias gratuitas que funciona según las directrices educativas de Rudolf Steiner, fundada en Stuttgart en 1919. El movimiento escolar iniciado por Rudolf Steiner se ha ampliado considerablemente hasta la actualidad. Hay numerosas escuelas en diferentes países.

Deberá escucharse en actitud distinta a la acostumbrada en relación con la educación, incluso con la educación progresista, lo que se afirma en torno a la pedagogía Waldorf. Esa pedagogía no responde en absoluto a las preguntas cuya respuesta solicita la sociedad moderna; aquellas preguntas que se plantean, aparentemente ya se responden en otros sistemas educativos. ¿Y a qué apuntan? Por lo común, al supremo cultivo del razonamiento, ese razonamiento tan de moda en el presente: razón, intelecto, sagacidad, son artículos de máxima difusión en el momento actual. Así, a las preguntas tales como: ¿qué hacer con el niño?, o ¿cómo inculcarle determinado tema?, se obtienen respuestas asombrosamente razonables. Y todo eso desemboca en: ¿cuáles son las características que consideramos deseables en el niño? ¿Cómo proceder para que él sea tal como pretendemos? Todo lo cual carece de significado para los aspectos más profundos del curso humano evolutivo; la Pedagogía Waldorf no responde, pues, a preguntas como esas.

Si, para empezar, queremos caracterizar pictóricamente el lenguaje de la pedagogía Waldorf, hemos de afirmar que es totalmente distinto al que se usa en la educación tradicional. Y es que la pedagogía de la Escuela Waldorf no es un sistema pedagógico, sino un arte, el arte de despertar aquello que ya late en el hombre. En realidad, lo que ella pretende no es educar, sino despertar: primero, despertar a los maestros, para que luego ellos despierten a niños y adolescentes. En efecto, se trata de un nuevo despertar, después de que la humanidad había quedado divorciada, estrangulada de la corriente continua de la evolución universal. Así como la mano se adormece al estrangularla, así la humanidad quedó adormecida en lo anímico-espiritual. Quizá ustedes objeten que, del siglo XV para acá, la humanidad ha realizado grandiosos progresos. De no haber sobrevenido la Guerra Mundial que, a decir verdad, no sacudió a los hombres como hubiera correspondido, si bien haciéndoles comprender, aunque en modesta medida, que no son tan inteligentes como se creen, quién sabe cuántas veces oiríamos la trillada, frase de que hemos llegado a cumbres insospechadas. Sería insoportable aguantar las exaltaciones.

No vamos a negar que, en lo intelectual, la humanidad ha hecho grandiosos progresos desde el siglo XV. Es tan tremendamente seductor el intelecto, pues, en lo que a él se refiere, todos los hombres creen ser muy despiertos, aunque el intelecto nada nos diga acerca del mundo, ya que, en realidad, él es un puro sueño del mundo. Ejerciendo el intelecto es cuando con mayor intensidad soñamos; así que la ciencia objetiva, que preferentemente en él descansa, al aplicarlo a la observación y al experimento, se limita a soñar el suceder del mundo: no trasciende el soñar. El intelecto no establece relación alguna objetiva con el mundo; es la persistencia automática del pensar, después de haber quedado divorciado del mundo. He ahí por qué la humanidad actual, al sentir la presencia de su propia alma o, lo que es lo mismo, al cobrar el sentimiento de su propio ser en el alma, busca un nuevo vínculo con el mundo, reintegrarse al mundo. En tanto que, hasta entrado el siglo XV, se poseían todavía legados positivos, hoy recibimos una herencia inversa, es decir, negativa. He aquí el peculiar descubrimiento que hacemos: hasta entrado el siglo XV, las almas humanas todavía podían dar la bienvenida con cierto regocijo a lo que heredaban de la evolución universal; el mundo todavía no estaba completamente devanado; el hombre todavía no estaba separado de ella; y así podía saludar alegremente lo que recibía.

Incluso hoy, a pesar de ese divorcio, todavía podemos reflexionar sobre lo que recibimos del mundo sin intervención nuestra, y hacemos un descubrimiento peculiar; nos sucede como a quien hereda algo y se olvida de informarse exactamente. Luego se hace el cómputo, y se observa que el pasivo excede al activo. Como sea que se ha omitido repudiar la herencia, somos deudores y hay que pagar la deuda, la herencia negativa. Similarmente, también la humanidad entraña en su alma una herencia negativa, precisamente la que corresponde al mayor Acontecimiento que tuvo lugar en la Historia.

Antes de acontecer el Misterio del Gólgota, no había necesidad de que los hombres comprendiesen ese Misterio, porque no existía. Luego sobrevino y, en lo sucesivo, con ayuda de los remanentes de las antiguas herencias, todavía era posible comprenderlo, si bien con comprensión mortecina. Vino el siglo XV, cuando ya no existían semejantes remanentes heredados, pero el padre todavía podía transmitirle al hijo una comprensión de la realidad del Misterio del Gólgota. Hoy, todo eso ya no sirve para nada: los hombres son exageradamente inteligentes; pero la inteligencia necesaria para descubrir las contradicciones entre los cuatro Evangelios también la habrían tenido los hombres del siglo VII u VIII. Nada más fácil que descubrirlas, pero hasta el siglo XIX no se empezó a desmenuzarlas. Y así en todos los dominios de la vida. Sobreestimado el intelecto, la consciencia, la certeza intuitiva del Misterio del Gólgota se desvaneció. Así, desapareció de la conciencia la certidumbre religiosa, si bien perdura en las profundidades del alma, y la juventud actual ansía saber: ¿qué sucedió en el Misterio del Gólgota? Los viejos nada nos dicen al respecto. No afirmo que la juventud sepa algo, o que las Universidades sepan algo, pero insisto en que sí debieran saber.

Tratando de expresar con claridad lo que yace confuso en las profundidades del alma, diremos: en la intimidad, existe el ansia de comprender de nuevo el Misterio del Gólgota, se añora una nueva vivencia de Cristo. Nos hallamos, por necesidad, ante una renovada vivencia del Hecho Crístico. En su primera manifestación, todavía era posible experimentarlo con los remanentes de las antiguas herencias anímicas, pero agotadas éstas desde el siglo XV, ese Evento persistió por tradición. Hasta el último tercio del siglo XIX, no llegó a su completo ofuscamiento, por haberse agotado las antiguas herencias. Desde ese eclipse anímico hemos de ir en pos de una nueva luz, llegar a una nueva intuición del mundo espiritual.

He ahí la significativa vivencia inserta en las entrañas de los más profundos representantes del actual Movimiento Juvenil. Por primera vez en la evolución histórica de la humanidad hay que tener la vivencia de algo que surge, enteramente, de los hombres mismos. Esto no es obvio superficialmente pero sí escarbando las honduras. En tanto que esto no se tenga en cuenta, no se puede hablar de pedagogía. Desde las más hondas raíces planteemos, pues, la pregunta: ¿cómo llega el alma humana a la más auténtica vivencia espiritual?

A partir de nuestro siglo, se yergue ante el despertar de los hombres esa auténtica vivencia como abarcante a la vez que inefable enigma humano y cósmico. Y la pregunta es: ¿cómo logra el hombre despertar lo más profundo de su ser?, ¿cómo despertarse a sí mismo? Las mentes más entusiastas de la joven humanidad pueden compararse –valga la imagen– a quien, semidespierto en la mañana, siente todavía la pesantez de sus miembros, y así no puede sobreponerse totalmente a su estado somnoliento. He ahí la estampa del hombre moderno; es un ser que no puede completamente trascender el estado de sueño.

Este hecho subyace en la tendencia que, en el curso de las recientes décadas, se ha manifestado de múltiples maneras y, de manera simpática, alumbra las almas en el momento actual; me refiero a la aspiración comunitaria de la joven generación que busca algo. Ya lo dije ayer: el hombre ha perdido al hombre, y le busca de nuevo. Hasta el siglo XV, no se habían perdido mutuamente los hombres. Claro está que no tenemos el poder de hacer retroceder la marcha universal; sería horrible el que lo prentendiéramos, y no tenemos ninguna ambición de reaccionarios. No obstante, hemos de declarar que, hasta entrado el siglo XV, todavía fue posible que los hombres encontrasen al hombre; del siglo XV en adelante, aunque extinta esa posibilidad, todavía podían obtenerse, con base en la tradición y la transmisión paterna, confusas imágenes mentales que llamaban la atención: el otro es un hombre. Confusamente se intuía que aquella figura, ese otro que anda a nuestro lado, es también un hombre. En el siglo XX, también esto tuvo su fin. Aunque no queda tradición alguna que transmita algo, se busca al hombre. ¡Efectivamente, se le busca! ¿Por qué? Porque, en el fondo, se va en pos de algo muy distinto.

Si las cosas siguen el curso en que se encauzaron a la vuelta del siglo, nadie va a despertar, porque los demás están en igual estado de somnolencia. Con todo, los hombres han de tener un significado mutuo, ser el uno para el otro. Esto mismo ha de existir en la comunidad. He ahí lo que, desde el principio, resplandece a través de todo lo que palpita en la educación Waldorf: no pretende ser un sistema de normas, sino un impulso para cultivar el despertar del hombre; ha de ser *vida*, no saber; arte, acción vital, clarín despertador, no destrezas. He ahí lo que importa, cuando se trata de sacudir a la humanidad para que salga del estado henchido de sueños intelectualistas, al que la arrastró el desarrollo del mundo. Incluso en los sueños ordinarios, el hombre raya a menudo en manía de grandeza; y esos sueños ordinarios son un pobre huerfanito en comparación con los intelectualistas.

Cuando se trata de un despertar, no es posible seguir cultivando el intelectualismo. Esa ciencia objetiva que vaga por ahí. Y que se quitó todos los viejos vestidos, temerosa de que alguno acusara todavía rasgo humano, se ha circundado de una envoltura de espesísima neblina: la de la objetividad. Y así, en realidad nadie se da cuenta de qué es lo que ronda entre nosotros en esa indumentaria de ciencia objetiva. Pero se necesita de nuevo algo humano, algo que nos despierte.

Mis queridos amigos, si de despertar se trata, es necesario experimentar de nuevo el Misterio del Gólgota, captar que en él descendió a la Tierra, además del Jesús terrenal, una Entidad Espiritual, lo que antaño se sabía por los poderes antiguos. Al siglo XX se le exige intuirlo en forma distinta. La juventud actual, al comprenderse a sí misma, clama por el despertar de su conciencia, no por los caducos poderes somnolientos de antaño. Y esto solo es posible por medio del Espíritu: es decir, solo si el Espíritu efectivamente proyecta su chispa en las comunidades venideras. Ha de ser el Espíritu el Gran Despertador. Sólo podemos avanzar si tenemos presente la trágica situación del devenir universal: nos hallamos ante la nada hacia la que, por necesidad, nos tocó acercamos para fundamentar la libertad humana; y frente a la Nada necesitamos despertar en Espíritu.

Nadie sino el Espíritu puede abrir los postigos mencionados ayer. Sin Él, se mantendrían apretadamente cerrados. Aunque no critico la ciencia objetiva, cuyos grandes méritos no desconozco, he de destacar que ella mantendrá cerrados los postigos, porque solo pretende moverse en lo terrestre. Y en lo terrestre, desde el siglo XV, ya no yace ninguna virtud despertadora; hay que buscarla en lo que, en el hombre mismo, es extraterrestre. He aquí, el más profundo afán, cualquiera que sea la forma externa en que hoy se presente. Los que hoy hablan de algo Nuevo y que son íntimamente serios y veraces, debieran preguntarse: ¿cómo encontrar en nosotros mismos lo no terrenal, lo suprasensible, lo espiritual? No es a través de formas intelectualistas, sino a través de formas muy palpables y evidentes. Si ustedes me preguntan por qué acudieron a mí, he de responderles: porque late en su intimidad la pregunta ¿cómo encontrar el Espíritu? Si iluminan bajo su debida luz lo que les ha impulsado a venir aquí, no hacen sino preguntar: ¿cómo encontrar al Espíritu que, surgido del momento presente, trabaja en nosotros? ¿Cómo encontrarle? He ahí el tema que trataremos en los próximos días, amigos míos.

# Tercera Conferencia

*Stuttgart, 5 de octubre de 1922*

Con objeto de sentar las bases para los puntos de vista que deseo desarrollar ante ustedes en los próximos días, hoy debo hablarles del Espíritu en sentido concretísimo. Para empezar, trataré de invitarles a que desarrollen siquiera una captación intuitiva de lo que queremos aquí entender por Espíritu.

¿Qué es lo único que, hoy día, todavía se tiene en cuenta del hombre? Tan solo aquello que él puede experimentar con la conciencia de vigilia desde el despertar matutino hasta el dormirse en la noche; solo se tiene en cuenta, pues, como integrante del mundo, lo que se vive durante ese intervalo. Ahora bien, si prestan oído a la voz del presente inmediato. Y se acostumbran a armonizar sus sentimientos con esa voz, quizá se sientan impulsados a preguntarse: ¿ha sido siempre así? ¿En tiempos pasados, no incluían los hombres en lo que constituía su realidad algo distinto, además de las experiencias de la vigilia?

De ninguna manera se me ocurre declarar la necesidad de que se remonte a las antiguas épocas culturales de la humanidad; muy lejos de ello. Nuestra misión es avanzar, no retroceder. No obstante, a título de orientación no deja de ser instructivo echar un vistazo retrospectivo más allá del momento, siglo XV, que precedía a la nueva corriente que destaqué ayer con tanta insistencia. Hemos de reconocer entonces: en todo lo que, antes del siglo XV, el hombre afirmaba sobre el mundo, hallábase contenido algo que hoy se considera nada más que fantasía, algo que queda marginado de nuestra realidad. Basta con que ustedes, aunque someramente, se informen sobre lo que dice la literatura acerca de esos tiempos antiguos, para descubrir, por ejemplo, que en los antiguos conceptos relativos a las sustancias que hoy designamos como "sal", "mercurio", "fósforo" etc., se incluía mucho de lo que el hombre moderno celosamente excluye cuando habla de fósforo, mercurio y sal. Hoy, en cambio, se declara: entonces, la gente, al hablar de sal, mercurio, fósforo, lo enriquecía gratuitamente con su propia fantasía.

Hoy no vamos a discutir por qué eso se excluye tan celosamente en la actualidad. Pero quede sentado que los hombres de antaño incorporaban, por ejemplo en su sensación del fósforo sensible, aquello que de él intuían, a semejanza de como los hombres de hoy ven los colores. El fósforo estaba rodeado de una aureola espiritual-etérea, semejante a como los hombres percibían entonces toda la naturaleza, es decir, rodeada de un chisporroteo de eternidad espiritual, percepción que fue palideciendo mucho desde los siglos IV y V d.C. De todos modos, subsistía todavía para el hombre esa eternidad espiritual; no era engendro de su fantasía, del mismo modo que tampoco lo es el color rojo: la veían.

¿Por qué la veían? La veían porque, para ellos, emanaba todavía algo de lo que el hombre *vivenciaba* durante el sueño. Tampoco entonces, en estado de vigilia, el hombre tenía de la sal, del azufre o del fósforo, una experiencia más rica de la que tiene de ellos el hombre moderno. Pero al despertar, su sueño no había sido estéril; todavía repercutía de manera más plena, y experimentaba de manera más intensa todo lo que existía fuera de él. De no tener en cuenta esa peculiaridad, es imposible apreciar debidamente los tiempos de antaño.

Más adelante, esa experiencia de los antiguos, por ejemplo, con el fósforo o con el azufre, se convirtió en un nombre, es decir, en algo abstracto. En esa abstracción, el espíritu, antes concreto, se perpetuaba por tradición, hasta que, hacia finales del siglo XIX, ya no fue posible asociar a ella pensamiento alguno o, por lo menos, sensación alguna. Sin duda, es esencialísimo que el hombre intervenga con su conciencia de vigilia en la civilización externa, que se jacta de haber alcanzado niveles insospechados: la construcción de máquinas requiere la conciencia de vigilia. En cambio, para trabajar sobre uno mismo, poco le sirve esa conciencia. Si tuviéramos que permanecer siempre despiertos, muy pronto envejeceríamos; y antes de los treinta años, nos habríamos convertido en ancianos mucho más decrépitos que los de hoy. Es imposible estar siempre despiertos: las energías que necesitamos para administrar nuestro propio organismo, solo se adquieren entre el dormir y el despertar. Ni duda cabe que, con la conciencia de vigilia, el hombre puede muy bien desenvolverse en la civilización externa; en cambio, la acción sobre sí mismo solo es posible con la conciencia del sueño, esa conciencia de la que, antaño, mucho se transfería hacia el estado diurno.

He ahí el gran viraje que tuvo lugar a mediados del siglo XV: terminó la instilación de la conciencia del sueño a la de la vigilia. Valiéndome de una comparación gráfico-pictórica, podría decir: todavía en los siglos X y XI de la cultura occidental, el hombre se desarrollaba sintiendo que, entre el dormir y el despertar, potencias divino-espirituales desplegaban en él su actividad. El hombre sentía algo de esa proyección, a semejanza de como, en la conciencia de vigilia, siente algo de la benéfica infusión de la luz solar. Y antes de dormirse, latía en todo hombre algo que pudiéramos llamar un elemental y vigoroso estado devocional. Los hombres entraban en el sueño entregando su alma a las potencias divino-espirituales; si eran intelectuales, al menos hacían el intento. La educación de quienes iban a dedicarse a la vida espiritual, se estructuraba de manera que, efectivamente, se intensificaba ese devoto estado de ánimo.

A finales del siglo XIX, eso había quedado sustituido, desde hacía tiempo, por algo distinto. La gente que se consideraba más espiritual, se preparaba para el sueño diciendo: necesito mi buena jarra de cerveza para caer en la cama como un tronco. Esta era la expresión, aunque suene grotesco. Es rigurosamente histórico destacar que, en épocas culturales pasadas, los hombres se afanaban conscientemente para lograr una visión del mundo espiritual durante el sueño, sin contar que, en la Antigüedad, a los neófitos, es decir, a los estudiantes de entonces, se les preparaba, en ceremonia realmente sagrada, para el sueño iniciático en el que había que sensibilizarles para su comunidad con el mundo espiritual.

Hoy día, no se suele preguntar: ¿cuál ha sido la repercusión de lo que tuvo lugar en la evolución cultural, para la educación de la humanidad?, por la sencilla razón de que no se tiene en cuenta al hombre global, sino tan solo una parte suya. Al que otea un poco más allá del horizonte espiritual inmediato, le extraña el que la gente crea que, finalmente, hemos llegado a la verdad relativa de ciertas cosas, en tanto que la gente de antaño sostenía opiniones bastante infantiles. Basta con detenerse en la historia de la física: parece que, hasta muy recientemente, han prevalecido conceptos infantiles trascendidos ahora con conocimientos considerados definitivos: se traza un nítido límite entre los logros actuales, y las ideas que sobre la naturaleza se había formado la gente de una era infantil. A nadie se le ocurre formular la pregunta de cuál es el alcance de las actuales enseñanzas científicas sobre el hombre, dentro del marco de la historia universal de la educación.

Si hacemos abstracción de todo lo pedagógico, y examinamos desde el punto de vista moderno algún libro científico de unos siglos anteriores al nuestro, se nos antoja infantil. Pero dejemos de lado ese punto de vista moderno, y preguntémonos cómo educaba al hombre un libro de antaño y cómo le educa un libro actual. Quizá el actual sea sumamente inteligente, y el anterior, sumamente fantástico. Pero ahondando en su valor educativo, insistamos: cuando los hombres de antaño tenían oportunidad de leer un libro –no era entonces la lectura tan fácil como hoy, sino que revestía algo de solemnidad–, ese libro evocaba algo de las honduras del alma. En verdad, leerlo implicaba algo así como crecer; se liberaban del organismo humano energías creadoras y se sentían; se era consciente de que tenían algo de real.

Hoy día, todo es lógico y formal; todo se asimila intelectualmente, sin intervención de la voluntad: actúa solamente el cerebro. Admitido todo eso con la cabeza solamente, y por depender exclusivamente de la organización cefálica física, permanece estéril para la auténtica condición humana. Hoy día, se combate el materialismo, y casi sería más inteligente dejar de combatirlo. ¿Por qué? El materialismo sostiene que el pensamiento es producto del cerebro y, efectivamente, el pensar moderno es producto de él. He ahí precisamente el secreto: ¡el pensar actual es producto del cerebro! El materialismo tiene toda la razón. En cambio, no la tiene en lo que concierne al pensamiento anterior del siglo XV: entonces no se pensaba únicamente con el cerebro, sino con lo que en él latía: los conceptos tenían vida propia. Y así, realmente producían la impresión como si se obsevara un hormiguero. Los conceptos actuales están muertos; el pensamiento de hoy es sagaz pero perezoso: no se le siente, y se le ama tanto más intensamente cuanto menos se siente. Antiguamente, al pensar, se sentía algo así como un comezón, porque constituía una realidad del alma. Hoy día, se induce a que la humanidad crea que el pensar siempre ha sido tal como es ahora, puro producto del cerebro, pero no era así el pensar anterior.

Deberíamos agradecerles a los materialistas el haber llamado la atención sobre el hecho de que el pensamiento actual depende del cerebro; así es, en realidad. Pero el asunto es mucho más serio de lo que se piensa. Se considera al materialismo como desacertada concepción del mundo; y no es así: el materialismo es un producto de la evolución histórica, pero producto muerto, que caracteriza la vida en un estado ya necrotizado.

El pensamiento tal como se ha desarrollado del siglo XV en adelante, particularmente en las civilizaciones occidentales –la oriental, si bien en decadencia, conserva siquiera remanentes del pensamiento antiguo–, tiene sus peculiaridades bien definidas. Cuanto más se avance hacia Occidente, más prevalece el modo de pensar que los orientales consideran de poca categoría. El Oriente no se impresiona con el pensamiento occidental; lo detesta. Pero él tampoco puede ofrecer todavía nada nuevo; continúa en lo antiguo, en vías de decadencia. El europeo, más todavía el norteamericano, ya no se siente a gusto cuando se le pide que se ubique en el pensamiento que subyace en los Vedas, porque esto implica hormigueo en el cerebro; prefiere el pensar muerto, en el que ni siquiera nota que está pensando; es algo que goza de mucha popularidad, hoy día. La gente tiene la sensación de que una rueda de molino da vueltas en su cabeza, no solo cuando escucha necedades, sino también cuando alguien les habla de algo viviente. Y es que no se inclinan por lo vivo; solo quieren atrapar lo muerto.

He aquí un ejemplo, no para polemizar, sino tan solo por lo que tiene de interés histórico-cultural: en cierta oportunidad, describí que ya es nuevamente posible observar un aura cromática en lo mineral, lo vegetal, lo animal.

La manera que tuve de describirlo en mi libro *Cómo se alcanza el conocimiento de los mundos superiores* (1904 - GA 10) hacía necesario el pensamiento vivo, no el muerto. Recientemente cayó ese libro en manos de cierto profesor universitario, uno de esos acendrados auténticos que dicen que imparten la filosofía. No entraba en discusión para él el pensamiento vivo: no lo aceptaba, y así no tenía valor alguno. Se encuentra con mi afirmación de que existe un aura cromática alrededor de la planta, un aura cromática alrededor del animal, y como sea que él no ha visto otros colores que los del espectro solar, deduce que yo también solo puedo haberlas observado en el espectro solar y, de ahí, los transferí a los reinos mineral, vegetal y animal. No entiende ni palabra de mi manera de describir las cosas; y la llama verborrea; para él no es más que verborrea, porque nada entiende. He ahí la realidad para buen número de profesores universitarios: una rueda de molino da vueltas en su cabeza. Si quitamos la cabeza, no pasa nada.

Pero el hombre vivo exige el pensamiento también vivo, y esa exigencia hierve en su sangre. Percátense de ello. Es necesario que vuelvan a vigorizar su cerebro lo suficiente para soportar, no solo el abstracto pensar lógico, sino también el pensar vivo. No caigan en la modorra cada vez que se les exija que piensen vivamente. El pensar muerto es la característica de la educación puramente materialista de Occidente, es intelectualismo puro. Si profundizamos en esa idea, se abre ante nosotros una perspectiva sumamente grave.

El pensamiento antiguo podía introducirse en el sueño, porque todavía se seguía siendo algo durante el sueño; ser entre otros seres. Se era algo en el sueño, porque se había llevado el pensamiento vivo al reino del sueño. Al despertar, le acompañaba ese pensar, y al dormirse, él lo llevaba nuevamente consigo. El pensamiento actual se halla vinculado al cerebro; y por cefálico, obviamente no puede semos de ninguna utilidad durante el sueño. Así pues, según la actual moda científica, podemos ser las personas más inteligentes y más eruditas; pero lo somos únicamente de día, no así de noche, cuando nos hallamos ante el mundo donde podemos trabajar sobre nosotros mismos. He ahí por qué la gente ha perdido el hábito de trabajar sobre sí mismo. Con los conceptos que el hombre desarrolla entre el despertar y el dormir, solo puede lograr algo precisamente entre ese despertar y dormir, si bien nada que, en realidad, afecte al hombre. Este ha de trabajar con base en las energías por medio de las cuales él mismo se constituye. En los años en que el hombre se halla más empeñado en construirse a sí mismo, es decir, en la primera infancia, es cuando más necesita del dormir. Desastroso sería que se descubriera un método para inculcar a los lactantes lo que necesitan, tal como se les inculca a los adolescentes de 17 ó 18 años. ¡Qué benéfico que las necesidades del lactante se satisfagan en el pecho de la madre, y no en la cátedra! Insisto: el hombre tiene que extraer del sueño aquello que le permita trabajar sobre sí mismo.

De todos los conceptos que desarrollamos en la ciencia por medio de la observación de los experimentos, nada podemos transferir al sueño, así como, inversamente, nada de lo que desarrollamos durante el sueño, podemos transferirlo a los conceptos de lo material. Y es que lo espiritual y lo intelectual son incompatibles, a menos que contraigan matrimonio en el mundo de la plena consciencia. Antiguamente, esto se hacía de manera más bien inconsciente; hoy, ha de llevarse a cabo *pleniconscientemente*, a lo que los hombres no se inclinan.

¿Que pasó cuando, en tiempos antiguos, el hombre entraba con su alma en el sueño? No se anulaba, seguía siendo algo, porque llevaba consigo lo que flotaba alrededor de las cosas, lo que la gente considera hoy producto de la fantasía; de ahí lo que se llevaba consigo al dormir, y que le permitía mantener su identidad en el mundo espiritual, fuera del cuerpo físico. Antiguamente, el hombre *era* algo en el mundo espiritual entre el dormir y el despertar. Hoy lo es muchísimo menos: está siendo casi absorbido por la espiritualidad de la Naturaleza cuando, al dormirse, se separa de su cuerpo. La debida observación del mundo nos lo pone de inmediato en evidencia. Yo quisiera que ustedes lo observaran, y esto es posible cuando realmente lo pretendan. Es necesario que la humanidad adquiera semejante visión: vivimos en una época en que ya no cabe afirmar que no se puede hablar del Espíritu como se habla de piedras y animales. Así, lograrán la posibilidad de observar que, cuando el alma de César salía de noche de su cuerpo, y aunque César no fuera particularmente corpulento en su vida física, esa alma exhibía un tamaño respetable, no en sentido espacial, sino sentimental: su alma era de apuesta figura. Hoy puede alguien ser corpulento banquero: si su alma sale de paseo nocturno y se detiene en la espiritualidad de la Naturaleza, ustedes observarán que se ha convertido en armazón repugnante y enjuto. Y es que, desde el último tercio del siglo XIX, la humanidad padece intensamente de desnutrición espiritual; el intelecto no alimenta al espíritu, lo infla solamente. Y así, el hombre no lleva consigo nada al sueño, nada de espiritualidad, y queda casi absorbido cuando, entre el dormir y el despertar, se introduce en la espiritualidad de la Naturaleza cual descarnado esqueleto anímico.

De ahí que, realmente, no sea teórica la pregunta sobre el actual materialismo: no hay nada que sea menos importante que la disputa teórica entre, el materialismo, el espiritualismo y el idealismo. Hoy día, todo esto es totalmente anodino, pues nada se gana con refutar el materialismo: el resultado de cualquier refutación es nulo, porque, al fin y al cabo, las razones que se aducen para refutarlo, son tan materialistas como las que se esgrimen en contra o a favor del idealismo. Ni en una ni en otra dirección se obtiene resultado alguno mediante refutaciones teóricas; lo que importa es que en toda observación del mundo lata el espíritu. Así será como nuestros conceptos vuelvan a tener valor nutritivo para el hombre. Para que eso se comprenda cabalmente, voy a agregar lo siguiente.

Realmente, yo no encuentro destacada diferencia entre las personas que, a menudo, se llaman materialistas, y otras que, en ciertos pequeños círculos sectarios, se llaman teósofos, por ejemplo, pues la manera en que los unos demuestran el materialismo, y los otros la Teosofía, no se distingue mayormente. En efecto, si uno quiere comprobar la

Teosofía con un modo de pensar que dependa enteramente del cerebro, la Teosofía es materialista. No importa qué palabras se usan, sino que a través de ellas se manifieste el espíritu. Si comparo el Haeckelismo con cierta palabrería teosófica, no cabe duda que el espíritu está al lado de Haeckel, puesto que los teósofos hablan del espíritu como si fuera materia, solo que enrarecida. No se trata de hablar *sobre* el espíritu, sino *con* espíritu. Se puede hablar espiritualmente sobre lo material, es decir, hablar de lo material valiéndose de conceptos móviles; y esto es mucho más espiritual que el habla desespiritualizada sobre el espíritu.

Nada en absoluto se gana con que hoy salgan al escenario muchas personas en defensa de la concepción espiritualista del mundo con toda clase de razones lógicas. Quedamos igual de enjutos de noche, lo mismo si, en el día, reflexionamos tan solo sobre hidrógeno, cloro, bromo, yodo, oxígeno, nitrógeno, carbono, silicio, calcio, sodio, etc. Y formulamos nuestras teorías respectivas, o si reflexionamos sobre la integración de la entidad humana según cuerpo físico, cuerpo etéreo y cuerpo astral. Todo esto es indiferente para lo vivo. Si alguien habla vivamente sobre el potasio y el calcio, es decir, si alguien cultiva la química viva, hace algo mucho más valioso que si cultiva, digamos, una teosofía muerta e intelectualista, pues también puede cultivarse así. Es de importancia secundaria el que hablemos intelectual o materialistamente, lo importante es, insisto, tener espíritu en nuestro discurso, en nuestro habla, que nos impregne como elemento vivo. Pero como sea que la gente ya no entiende todo esto, les es incómodo el que alguien lo tome en serio.

En una de mis recientes conferencias en Oxford[13], sí lo hice en serio, y dije explícitamente: A mí me da igual que

---

[13] Conferencia de Oxford: Rudolf Steiner *"El hombre en el orden social. Individualidad y comunidad"* (3 conferencias Oxford 1922), Dornach 1988 (GA 305).

se hable, hoy día, de espiritualismo, realismo, idealismo, materialismo, etc. Si mi tarea es manejar un idioma para caracterizar algún fenómeno externo, utilizo el lenguaje materialista; y es posible que, incluso en él, viva el espíritu. Si se habla desde las regiones del espíritu, se logra la espiritualidad incluso cuando se habla en forma materialista. He ahí la diferencia entre la Antroposofía tal como aquí la cultivamos, y lo que en otras partes se cultiva con nombres similares. Cada par de semanas, salen hoy libros contra la Antroposofía, dando descripciones con las que pretenden hacer blanco en lo que afirmo. Para mí, sus blancos siempre son una novedad, porque, por lo común, corresponden a cosas que nunca dije; amañan toda clase de monstruos y luego escriben doctos libros sobre ellos. Lo que la gente combate, suele parecerse muy poco a lo que yo sustento. Yo no me empeño en combatir el materialismo; lo que me importa es que los conceptos sean tomados del mundo del espíritu, que se *vivencien*, que estén henchidos de vitalidad. Así pues, lo que aquí sostenemos y admitimos como Antroposofía es, efectivamente, algo muy distinto de lo que el mundo declara acerca de ella.

La gente lucha hoy contra la Antroposofía, y a veces incluso en pro de ella, con métodos bien materialistas que carecen de espíritu, a pesar de que el clamor de la época sea tomar en serio la vivencia del espíritu. Cuando alguien empieza a hablar de entidades espirituales como se habla de plantas y animales en el mundo sensible, la gente se queda en la luna, y le toma por mentecato. Comprendo esto muy bien, porque existe hoy día un detalle que pasa inadvertido, detalle que corresponde a que la supuesta mentecatería es la verdadera realidad, concretamente la realidad que, para el hombre, es la propiamente viva. La otra realidad es buena para la máquina, no para lo humano.

Quiero dejar constancia expresa de lo que acabo de decir, amigos míos: lo que aquí pretendo y lo que siempre he pretendido, no es hablar sobre el espíritu, sino hablar con fundamento en el espíritu y desarrollar el espíritu en el acto mismo de hablar de él. He ahí el espíritu que puede hacer impacto genuinamente educativo en nuestra agonizante vida cultural, ser el rayo que inflame a nuestra muerta civilización y así darle nueva vida. No voy a ofrecerles, pues, una defensa de los conceptos esquemáticos como son "cuerpo físico", "cuerpo etéreo", "cuerpo astral", conceptos tan graciosamente colgados como esquemas en las paredes de las ramas teosóficas, y que se señalan con un palo, en analogía a como en las aulas universitarias se destacan el potasio, el sodio, etc., con sus respectivos pesos atómicos. Es totalmente indiferente que alguien señale el potasio con su peso atómico en uno de los esquemas usuales, a que señale el cuerpo etéreo; no hay diferencia, no puede tratarse de eso. Desde este punto de vista, incluso es verdad que ese tipo de Teosofía, o de Antroposofía, si así quieren llamarla, no es algo nuevo, sino postrer producto de lo caduco.

Al respecto hemos presenciado los episodios más increíbles, precisamente ahí donde la gente, de repente, se siente movida a abogar por el espíritu. Y no menciono esto para criticarlo, sino por lo que tiene de sintomático. Les contaré dos historias. La primera: Asistí a una asamblea en el Occidente europeo, donde se disertaba sobre Teosofía. Cuando terminaron las conferencias, entablé conversación con un personaje sobre su valor. Y esa persona, devota adepta de lo que ahí se había manifestado en forma teosófica sectaria, sintetizó la impresión recibida en estas palabras: "Ahora existen tan maravillosas vibraciones en esta sala". El bienestar se expresó en vibraciones, esto es, en forma materialista.

La segunda historia: Algunas personas me importunaban con algún descubrimiento sensacional que, súbitamente, se había hecho en la región del espíritu. Se afirmaba entonces que las sucesivas vidas terrestres que, como ustedes perfectamente saben, solo pueden manifestarse al alma en una visión puramente espiritual, debieran ser también accesibles a la observación física, es decir, atraparlas también en el ropaje del pensar materialista. La gente empezó de repente a hablar del "átomo permanente"[14] que atraviesa todas las vidas terrenales. Decían: si hoy me encuentro en una vida terrenal y retorno después de muchos siglos, los átomos se habrán dispersado por los cuatro vientos, y solo uno habrá pasado a la vida terrenal siguiente. A ése se le dio en llamar átomo permanente. Así, finalmente, se había inyectado lo más materialista en las sucesivas vidas terrenales, esto es, en aquello que solo puede aprovecharse en espíritu. ¡Cómo si algún individuo pudiera derivar algún provecho del átomo solitario del siglo IV ó V deambulando por su cerebro! Esto tiene para mí tan poco interés como el que algún cirujano del más allá tuviera la facultad de dotar mi vida terrenal actual conservando mi estómago de entonces, para implantármelo ahora. En principio, el asunto es el mismo.

No les digo esto en son de burla, sino como síntomas interesantes de que las personas que desean hablar del espíritu, hablan de la euforia de las vibraciones espirituales, en tanto que ciertas otras, habiendo asimilado, por simple imitación mental, lo que otros sabían de las sucesivas vidas terrenales, lo expresaban hablando del átomo permanente. Varios libros sobre ese átomo permanente se han escrito por parte de los teósofos, con graciosos dibujos y esquemas sobre la agrupación de los átomos de hidrógeno, oxígeno, cloro, etc. Si uno inspecciona esos garabatos, ,resultan tan aborrecibles como los dibujos que los materialistas han trazado de los átomos. No es de importancia que se diga que lo uno o lo otro es espiritual o material; lo importante es comprender que hay que adentrarse en el espíritu vivo. Una vez más: no lo digo en sentido polémico, sino a título de ilustración.

---

[14] Véase Rudolf Steiner, *El curso de mi vida*, GA 28 (1923-1925), capítulo 32.

Al respecto, es sumamente característico el siguiente fenómeno: existe un Padre benedictino bastante ingenioso de apellido Mager[15]; sin duda, una de las mejores cabezas de esa Orden, pues, en el fondo, la Orden de los Benedictinos tiene los mejores intelectos. Ese autor, Mager, ha escrito un opúsculo sumamente sugestivo sobre la "Vida en presencia de Dios", opúsculo que se ubica en la época en que San Benito fundó su orden, quiere decir que armoniza perfectamente con aquella época, no con la nuestra. De todos modos, si alguien escribe un opúsculo sobre la conducta del hombre en presencia de Dios, merece admiración hasta cierto grado; y así lo admiro. Pero después, ese mismo Padre divagó también sobre la Antroposofía y, de repente, se convierte en materialista empedernido. Lo que él afirma es sumamente difícil de caracterizar para alguien que primero tiene que familiarizarse con un modo de pensar tieso y rígido. Lo que más censura es que, para él, se limite a imágenes la percepción en cognición imaginativa, y no trascienda este nivel. A continuación, fiel a su conciencia científica, afirma que la Antroposofía realmente materializa el mundo, y considera sumamente reprobable el que lo haga, esto es, el que la Antroposofía no se mantenga en conceptos abstractos y anodinos, que son los que él prefiere. Lean ustedes alguna filosofía católica y encontrarán el ser, el devenir, la existencia, la belleza, etc..., es decir, las extremas abstracciones. La filosofía católica rehuye el mundo sensible. Y luego el Padre se percata de que la Antroposofía aprehende conceptos vivos, esos conceptos que realmente descienden a las cosas reales, al mundo real; algo espantoso para él.

A ese Padre habría que decirle: si el conocimiento ha de poseer realidad, tiene que crear en la estela del proceso creador del mundo por Dios. Dios siempre ha materiali-

---

[15] Alois Mager O. S. B. (1883-1946): «*Der Wandel in der Gegenwart Gottes*», Augsburgo 1921. «*Theosophie und Christentura*», Berlín 1922.

zado, partiendo de lo espiritual. El mundo empezó siendo espiritual, y luego se materializó más y más, de modo que el verdadero conocimiento ha de reproducir ese mismo camino, que no se busca en la Antroposofía, pero sí que a él se llega. La imagen se acopla a la realidad, lo que precisamente el Padre censura. Esto es lo que él mismo debiera creer, si es que ha de dar un contenido razonable a su fe. Y cuando lo encuentra en nosotros, lo llama materialización del conocimiento.

No podemos congraciarnos con la gente que se aferra con toda firmeza a que los conceptos no deben tener vida, pues, esos conceptos se acoplan a la realidad. Si uno los teme, ha de mantenerse lo más alejado posible de ellos, en cuyo caso se logran únicamente conceptos para vigilia, ninguno que trabaje sobre el hombre desde el mundo espiritual. Y esto es lo que necesitamos: evolución viva de la humanidad y educación viva de ella. El hombre en plenitud de su propia sensibilidad siente que la civilización del presente es seca y gélida; que tiene que recuperar la vida y la agilidad internas.

Todo esto es motivo, no para proclamar que no se debe hablar del espíritu, sino para infundir en nosotros la inclinación de avanzar del parloteo abstracto hacia la íntima actividad en espíritu; es decir, evitar el misticismo oscuro y nebuloso, para lograr que la espiritualidad, valiente y enérgicamente, penetre al propio ser humano.

Entonces, a raíz de esta compenetración con la espiritualidad, podemos hablar de la materia, y no nos amedrentamos al referirnos a los importantes descubrimientos materiales, porque somos capaces de hablar de ellos de manera espiritual. En nuestro propio interior plasmamos entonces aquello que vagamente intuimos en nosotros como afán de avanzar, convirtiéndolo en genuina potencia educadora de la humanidad. De ello seguiremos hablando mañana.

# Cuarta Conferencia

*Stuttgart, 6 de octubre de 1922*

Quisiera empezar nuestra reunión de hoy con una evaluación de la ética, tal como se había desarrollado hasta fines del siglo XIX. No se trata de demostrar que las exposiciones filosóficas de la ética como tales pueden ejercer algún impulso sobre la moral humana, sino visualizar que a través de ellas se expresa sintomáticamente algo que ejerce su efecto moral determinante, procedente de trasfondos totalmente distintos.

Aunque hemos de descartar toda creencia de que las filosofías, cuando emanan del intelecto, pueden tener inmediata virtud directriz, no deja de ser cierto que, en lo que dicen los filósofos, se halla expresado todo el impulso de la época. Así, nadie afirmará, por ejemplo, que nuestra sensación térmica en la habitación queda influida por lo que marca el termómetro, pero todos sabemos que su altura, a su vez, depende de lo que pudiéramos llamar las condiciones térmicas que reinan en la habitación. Analógicamente, los filósofos que disertan sobre la moralidad, ofrecen un indicio del cuadro moral reinante.

Ustedes se dan cuenta de que trato de enfocar las exposiciones filosóficas de la ética de manera un poco distinta a la usual, a saber, tan solo como una especie de indicador termométrico. Pero así como, por lo que marca el termómetro, nos enteramos de las condiciones térmicas de la habitación, del mismo modo recibimos amplísima información sobre lo que subyace en la vida de los grupos humanos en determinada región o época, si sabemos qué es lo que sus filósofos expresan en sus exposiciones.

Tengan presente este punto de vista, si ahora les leo un breve fragmento, publicado en el año de 1893 en el *Magazine Alemán de Literatura*, reseña del libro "Principios de la Etica" de Spencer[16]. Dice el comentarista: "He ahí el más completo testimonio, avalado por un material abrumador, de que simplemente no existe, ni puede existir, ningún contenido ético de validez para la humanidad en general, ni mandamientos éticos inmutables, sino tan solo una norma única que preside toda valoración de las cualidades y acciones humanas: la adecuación o inadecuación práctica de una personalidad o de un acto a la condición efectiva de la sociedad en cuyo seno se practica esa valoración, y que, precisamente por esta razón, las mismas cosas se evalúan distintamente bajo distintas condiciones culturales. Tengo para mí que esa obra maestra acallará para siempre los últimos intentos de fundamentar la diferenciación ética en la intuición, en sentimientos innatos o en acciones autoevidentes, por lo menos desde el punto de vista científico". Les leo este fragmento por la razón de que caracteriza el criterio que prevalece en cuanto a la ética de casi todo el mundo civilizado del final del siglo XIX, criterio que se había perfilado hasta tal punto que ha sido posible cifrarlo en términos filosóficos.

¿Qué se afirma, pues, en esa obra de Spencer, obra en realidad de sumo significado? No cabe duda de que el comentarista tiene razón al afirman que en ella se hace el intento de demostrar, con material arrollador, que no es posible deducir de la vida anímica humana las llamadas intuiciones o axiomas morales, y que ya ha llegado la hora de dejarlos de lado. Lo único que puede decirse es que los hombres actúan conforme a su disposición natural y que su acción la valora el medio social en que se desenvuelve. El hombre se halla obligado a ajustar su obrar al juicio de

---

[16] Herbert Spencer, 1820-1903, filósofo y sociólogo inglés. - «The Principles of Ethics», Vol.1, Londres 1892, reseña del P. Jodl en Deutsche Literaturzeitung del 15 de abril de 1893, p.452.

ese medio. De ahí resultan los juicios éticos convencionales que se van modificando conforme cambia la sociedad de la época. Y así, aquel periodista de la última década del siglo pasado declara que, finalmente, es posible silenciar todo intento de hablar de ética y de conceptos éticos como si existieran intuiciones morales sacadas directamente del alma, por lo menos en lo que a la ciencia se refiere.

Me he permitido entresacar ese fenómeno particular, porque caracteriza efectivamente la situación real con que se veía confrontado quien, en aquel período, reflexionaba sobre la ética y los impulsos morales.

Fue en este estado de ánimo de la época, que traté de introducir mi *Filosofía de la Libertad*[17] que culmina en la concepción de que, precisamente ahora, es decir, a finales del siglo XIX, ha llegado el momento en que se hace necesario en el sentido más eminente que los hombres se percaten de la posibilidad de encontrar, cada vez más, los impulsos éticos y morales, remontándose a la esencia misma del alma humana. Incluso tratándose de los que corresponden a la cotidianeidad, los hombres tendrán que refugiarse, en creciente medida, en los impulsos morales, considerando que los impulsos que no sean las intuiciones morales al descubierto en la propia alma humana, irán menguando en cuanto a su influencia determinante. He ahí la situación con que me encontré; me vi obligado a manifestar que todo el futuro de la ética depende de que, día tras día, se vigorice el poder de la intuición moral. Con ello quedó expresado asimismo que solo podemos progresar en cuanto a la pedagogía moral, si vamos fortaleciendo ese poder en el alma humana, es decir, si llevamos al individuo a darse cuenta de que su alma es manantial de intuiciones morales.

Contra esta actitud mía se erguía el juicio virtualmente generalizado de que había llegado el momento de silenciar

---

[17] Rudolf Steiner «La filosofía de la libertad» (publicado por primera vez en 1894, nueva edición ampliada en 1918), GA 4.

científicamente, con aplastante material testimonial, toda intuición moral; me veía, pues en la necesidad de escribir un libro que, con toda energía, defendiera precisamente el punto de vista que, con igual energía, pretendía silenciar la ciencia de la época.

Menciono todo esto porque ejemplifica, en un caso particular, lo que dije ayer y anteayer, o sea, el viraje de suma trascendencia en toda la evolución espiritual de Occidente a fines del siglo pasado. En efecto, todo lo que he dicho hasta ahora servía para destacar que la generación que se ha formado desde finales del siglo XIX, se halla ante una situación psicológica radicalmente distinta a la de los siglos anteriores. Recuerden que, en la primera conferencia, utilicé el término Nada, es decir, que, a finales del siglo pasado, el alma humana se hallaba ante la nada, en lo relativo a lo espiritual; resultaba insoslayable destacar, en forma tajante, que aquello que, considerado desde sus transfondos espirituales, es lo más necesario para el futuro de la moralidad, esto es, la intuición moral, se hallaba frente a lo que nos ha legado el pasado: la nada, punto final de su evolución. Este viraje, de manera verdaderamente trágica, se puso en evidencia dentro de la cultura alemana a finales del siglo XIX; y para aludir a esa tragedia, basta con mencionar el nombre de Nietzsche. Este filósofo, para quienes, plenamente conscientes y despiertos, presenciaban el tránsito del siglo XIX al XX, significaba la genuina convivencia con una tragedia. El propio Nietzsche era una personalidad que, en sucesivas fases de su vida, había dolorosamente sufrido aquella confrontación con la nada, esa nada que, en un principio, él había considerado como un algo. Dentro del contexto de lo que habrá de saturar vuestras almas en estos días, no es del todo superfluo tener presente a Friedrich Nietzsche.

En cierto sentido, Nietzsche fue el hombre cuyo trágico destino ilustra elocuentemente aquel elemento de la evolución espiritual humana que, en el siglo XIX, se inclinaba hacia su crepúsculo vespertino qué había de ser anunciador de una nueva aurora matutina, en los comienzos de nuestro siglo. Ya saben ustedes que Nietzsche tiene su origen en un maduro punto de vista científico; lo conoció primero, a mediados del siglo XIX, en la filosofía; lo asimiló con suma agilidad mental y, con ella, se saturó de todo el espíritu del helenismo. Con todo, Nietzsche no era una personalidad que se cerrara a las corrientes de la cultura general, sino que era todo lo contrario de un sabio de gabinete. De ahí que admitiera también el punto de vista prevaleciente a mediados del XIX, o sea, la filosofía pesimista de Schopenhauer. Ese pesimismo filosófico le causó honda impresión, impresión solo posible debido a que Nietzsche, con mayor intensidad que el propio Schopenhauer, sentía la decadencia de la vida espiritual de su época, y, para él, la única luz que apuntaba hacia el futuro era la música de Richard Wagner. Tengamos presente que, en cuanto a su concepción del mundo, Wagner era schopenhaueriano en la época en que le conoció Nietzsche.

Así, en el último tercio del siglo XIX, cristalizó para Nietzsche la convicción, no simple teoría sino contenido vital, de que, ya con el helenismo, había advenido la época de suprimir la plenitud humana por medio del intelectualismo. No cabe duda de que Nietzsche se equivocó al valorar la evolución y culminación del intelectualismo. La modalidad del intelectualismo que él captó como elemento mortífero de toda espiritualidad no se impuso hasta el siglo XV, conforme lo expliqué ayer y anteayer. Nietzsche se sintió expuesto al intelectualismo en su palpable actualidad, y retrotraía sus orígenes al helenismo tardío; opinaba que Sócrates era el padre de esa corriente necrotizante que expulsó de Grecia la antigua espiritualidad viva, y así Nietzsche se hizo antisocrático.

Pocos son los hombres que han sentido, con tan elemental pujanza y grandeza, el contraste entre las tempranas manifestaciones del helenismo personificadas en Esquilo, Sófocles, los primeros escultores y las grandiosas filosofías de Heráclito y Anaxágoras, esa vida anímica henchida todavía de impulsos espirituales, y aquel otro elemento que paulatinamente se extiende, cual nube letal, sobre lo espiritual propiamente dicho. El origen del cambio lo sitúa Nietzsche en Sócrates, ese Sócrates que, ante todas las preguntas del mundo, formulaba los interrogantes de la razón, y quien ante todos los fenómenos de la vida erigía su magistral arte de la definición, arte que, como Nietzsche hubo de intuir, equivalía a desfigurar la visión viva e inmediata del espíritu. Sin asumir una actitud categórica, con lo cual iríamos a parar nuevamente al intelectualismo, hemos de reconocer que Nietzsche tuvo una intuición de profundo alcance.

Hemos de comprender que ante lo espiritual caben dos actitudes: *vivenciarlo*, y en este caso se individualiza; o definirlo, y en este caso se generaliza. Cuando ante la vida, en el mundo, nos encontramos con personas individuales, hemos de tener el corazón y la mente abiertos para ellas; es como si, frente a toda persona individual, hubiéramos de ser capaces de desarrollar un sentimiento humano totalmente nuevo; solo se hace justicia al prójimo, viendo en cada individuo un hombre nuevo. De ahí que todo individuo tenga el derecho a que, frente a él, desarrollemos un nuevo sentido humano, un nuevo sentido hacia el prójimo, pues de aplicarle algún concepto general exigiéndole tales o cuales características, somos injustos con él. Con cada definición del hombre, lo generalizamos y nos ponemos en realidad unos anteojos que nos impiden la visión del hombre individual.

He ahí lo que sentía Nietzsche en relación con toda vida espiritual, y que justificaba su actitud adversa al socratismo. Y así, en los años 60 y en la primera mitad de los 70 del siglo XIX, su mente se hallaba sumida en la convicción de que en el auténtico helenismo vivo subyacía un pesimismo, cual sentimiento cósmico. Creía Nietzsche que, en el fondo, los griegos estaban convencidos de que la vida inmediata, en su forma espontánea de presentarse a la humanidad, no podía suministrarle al hombre satisfacción alguna, sentimiento global alguno de su dignidad humana; y, en consecuencia, se refugiaban en el arte que, en el apogeo del helenismo, vino a subsanar lo insatisfactorio de la existencia puramente materialista. Así, para Nietzsche, el arte griego solo resultaba comprensible con fundamento en su sentido trágico de la vida; y en un principio, Nietzsche creyó que sería posible que esa misión del arte se reivindicara por medio del arte wagneriano y todo lo artístico que de ella pudiera derivarse.

Vinieron luego los años 70, y Nietzsche empezó a intuir que eso era utópico, porque echaba de menos en su época el impulso capaz de hallar aquel Algo de los griegos, el gran consolador para la vida cotidiana material. Y llegó el momento en que Nietzsche se planteó a sí mismo la pregunta: "¿Qué era lo que buscaba en el arte wagneriano como renovación del arte griego? ¡Puros ideales!" y se percataba entonces de que esos ideales, en realidad entes mentales, eran similares a los de su propia época.

A mediados de los años 70, sobrevino entonces en la biografía de Nietzsche, un momento estremecedoramente trágico: cuando se dio cuenta de que sus propios ideales se parecían a los de su época, esa época que detestaba, lo que le indujo a admitir: yo mismo soy fatalmente similar a lo que mi época llama ideales, pues bebo en la misma fuente que ella. El momento fue sumamente doloroso, porque anteriormente Nietzsche había intensamente vivido y fustigado precisamente esas efímeras apariencias idealistas en torno suyo; había vitalmente repudiado, por ejemplo, a *David Friedrich Strauss*[18], ídolo de los contemporáneos; lo

---

[18] *David Friedrich Strauss*, 1808-1874, teólogo protestante. Nietzsche sobre Strauss: David Strauss, el confesor y el escritor *Unzeitgemasse Betrachtungen*.

había desenmascarado como pedante. Y precisamente en el referido trágico momento, se dio cuenta, en doloroso autoconocimiento, de hasta qué punto sus propios ideales, indebidamente magnificados y estimulados por su contacto con el wagnerianismo y con el arte griego, se parecían a los de su época, que él mismo ya había descartado por impotentes para captar lo genuinamente espiritual. Todo esto le llevó a decir: "Si soy veraz, no debo compartir los ideales de mi época". Aunque quizá no lo haya pronunciado con esas precisas palabras, ése fue para él el descubrimiento trágico. Quien ahonda lo que Nietzsche sufrió en aquellos años, sabe que vivió el momento trágico en que, a su manera, se vio impelido a declarar: "Cuando el hombre habla de ideales y cuando existe alguna concordancia con lo que los demás también llaman ideales, entonces él se mueve en el área de la fraseología hueca, esa fraseología que ya no es el cuerpo vivo del espíritu, sino su cadáver". Movido por semejante estado de ánimo, acuñó Nietzsche las siguientes palabras: "He de congelar, con vigorosa energía, los ideales que me he formado hasta ahora", congelación que se inicia a mediados de los 70, cuando salen sus obras "Humano, demasiado humano", "Aurora", "Ciencia alegre", en las que, además de rendir cierta pleitesía a Voltaire, desarrolla un nuevo concepto de la moralidad humana. El motivo externo para apartarse de su anterior idealismo, y así encaminarse hacia lo que sería su concepción de la vida en la segunda época, se le ofreció al conocer a *Paul Ree*[19] al que yo quisiera llamar el más puro tratadista de las costumbres humanas al margen de toda moralidad. Con sujeción exclusiva al criterio de las ciencias naturales, enteramente de acuerdo con la ciencia natural en aquel tiempo, Paul Rée estudió el desarrollo de los hábitos humanos; escribió el opúsculo sumamente sugestivo "*El origen de los sentimien-*

---

[19] Paul Ree, 1849-1910, «*Der Ursprung der moralischen Empfindungen*», 1877; «*Die Entstehung des Gewissens*», 1885. Véase también Rudolf Steiner «Friedrich Nietzsche, un luchador contra su época» (1895), GA 5.

*tos morales*", así como el libro sobre "*La génesis de la conciencia moral*". El primero de los dos, que debería conocer todo aquel que se interese por la verdadera configuración del pensamiento en el último tercio del siglo XIX, tuvo profunda influencia sobre Nietzsche.

¿Cuál es el espíritu que prevalece en ese opúsculo? Una vez más, insisto en que lo describo, no por creer que la filosofía ejerce influencia directa sobre la vida, sino porque quiero llamar la atención sobre un termómetro cultural que permite descubrir cuál fue, en determinada época, el estado de los impulsos y opiniones morales, así como de los pensamientos relativos a esos impulsos. En opinión de Paul Rée, el hombre primitivo no tenía otro impulso que el que, según él, subyace en todo niño: una vida apetitiva, las energías de la inconsciente actividad instintiva. El individuo en actividad choca constantemente, en todas direcciones, con otros individuos, y algunas de sus reacciones a los estímulos externos resultan provechosas para los demás, y otras, perjudiciales. De ahí se plasman los juicios. Las reacciones instintivas que producen efectos deseables, poco a poco, se califican de "buenas"; en cambio, se le cuelga la etiqueta de "malo", a lo que resulte dañino. Como es natural, la vida, al hacerse más compleja, lleva al hombre a olvidar que fue él mismo quien pegó las etiquetas de "bueno" y "malo", sin recordar que, al principio, se calificaba de bueno tan solo lo que producía bienestar, y de malo lo que se sentía perjudicial. Finalmente, esas dos categorías, nacidas de relaciones humanas, se transformaron en instintos. Supongamos que alguien ciegamente lleva a cabo un empujón con el brazo: si el movimiento resulta acariciante, se le llamará bueno; si produce una bofetada, se le llamará malo; así se suman los juicios, y la suma comprimida de ellos se convierte en instinto. Así como los hombres levantan la mano sin saber por qué, así tampoco saben a qué se debe el que salga una voz de su alma emitiendo juicios malos, voz que luego llamarán "voz de la conciencia". Esta voz de la "conciencia moral" no es sino el sedimento del cúmulo de apreciaciones instintivas sobre lo provechoso y lo dañino, reconvertido, a su vez, en instinto y que, por olvido de su origen histórico, resuena como si fuera procedente de algún origen interior del hombre.

Nietzsche, por su excepcional agilidad mental, era perfectamente capaz de comprender que no todos los pensadores de la época coincidían en las afirmaciones de Paul Rée; pero comprendía asimismo que, con base exclusiva en el pensamiento científico-natural privativo de su época, no podía llegarse a otras ideas sobre la ética que las de ese autor. Y es que Nietzsche era honesto. Sacó las últimas consecuencias, al igual que Rée, y no sentía rencor porque ese filósofo lo hiciera. El simple hecho de haber dado a luz a su opúsculo no tenía para Nietzsche otra importancia que las menudencias de su vida hogareña, a semejanza de como el termómetro no indica sino las condiciones térmicas en el derredor inmediato. Sin embargo, la redacción del opúsculo era sintomática de la tónica general de su época, y Nietzsche lo sintió. Encontró consignado en ese opúsculo el sedimento ético de su hora histórica, y por eso lo aceptó como auténtico. Para él, lo apremiante era congelar la vieja fraseología vacía, y decir: cuando la gente habla de nebulosos ideales, es que existe una ofuscación: en realidad, todo es instinto. Nietzsche a menudo tuvo momentos en que decía: si alguien sale por ahí y se entusiasma por este o aquel ideal y quiere que otros también se entusiasmen por él, la causa procede de la constitución peculiar de esa persona. La reflexión sobre esos ideales propicia la mejor elaboración de sus jugos gástricos, es decir, sus alimentos se incorporan a una corriente digestiva más adecuada. Quizá lo expresó en forma demasiado radical, pero está enteramente de acuerdo con el sentir de Nietzsche de los años 70 y 80. Decía él: la gente parlotea sobre toda clase de cosas espirituales, y los llama ideales. En realidad, todo eso no sirve sino para que cada cual, según sea su constitución, tenga mejor digestión, vibrando con los llamados ideales respectivos. Lo llamado 'humano' ha de quedar despojado de toda fraseología, porque es, en el fondo, demasiado humano.

Hemos de reconocer que fue grandiosa la entrega a la sinceridad con la que Nietzsche, en aquella etapa de su vida, declaraba la guerra a todo idealismo. Esta faceta de su personalidad no siempre ha recibido la atención que merece, pues mucho de lo que sobre él se decía era puro esnobismo, sin seriedad alguna. Hemos visto que, al final de su primera etapa espiritual, Nietzsche se hallaba frente a la nada; en su segunda etapa, que se inicia con "Humano, demasiado humano" y que termina con "La ciencia alegre"[20], se halla ya conscientemente ante la nada en lo relativo a todo lo espiritual. Eso no pudo menos que desembocar en un solo estado de ánimo, pues realmente no es posible llegar a un contenido espiritual reduciendo todos los ideales a funciones humanas fisiológicas. Un ejemplo nos ilustrará el proceso por el que ha ido pasando la concepción de Nietzsche. Decía más o menos: existen personas que se empeñan en pos del ascetismo, esto es, hacia la abstención de deleites físicos. ¿Por qué? Porque tienen una digestión sumamente mala, y se sienten mejor cuando se abstienen de los deleites físicos: de ahí que consideren que el ascetismo es más apetecible, cuando, en realidad, lo que buscan es lo que les proporciona mayor bienestar fisiológico; anhelan sentir el supremo goce en la ausencia del goce. ¡Qué perversidad! ¡Gozar con la falta de goce! En Nietzsche, hombre de profunda sinceridad, esa concepción se concretó en palabras como las que siguen:

*Yo, mi propia casa habito*
*y jamás a nadie he invitado;*
*burlándome de todo sabio maestrito*
*que de sí mismo no se haya burlado.*

---

[20] Cita de Nietzsche: Lema de *La ciencia alegre*.

He ahí, en grandiosa anticipación poética, el clima psicológico que llegó a su culminación con la vuelta del siglo XIX al XX, pero cuya presencia ya podían presentir las mentes más profundas, unas décadas antes; Nietzsche logró salir de su confrontación con la nada, característica de su segundo período, al generar el contenido emotivo de dos ideas a las que luego dio forma de creación poética: primero, la *idea del superhombre*, porque, al fin y al cabo, no podía menos que apelar a algo que, sin existir todavía, habría de nacer del hombre; y segundo, por haber sufrido, con tanta intensidad, el enfrentamiento con la nada: *la idea del eterno retorno de lo mismo*, deducida de la concepción evolutiva con que se había familiarizado en su etapa de ciencias naturales. Ahondando en esas ideas, no encontró en ellas nada que implicara progreso; lo único que podía deducirse era la concepción del permanente *Retorno de lo Mismo*. Esto corresponde a su última etapa, que hoy no vamos a caracterizar, aunque psicológicamente arrojaría aspectos sumamente esclarecedores.

Mi objetivo hoy no es ofrecerles una estampa de Nietzsche, sino tan solo destacar que ese filósofo, sumido en la enfermedad desde los años 80 y obligado así a abandonar la pluma, sentía con anticipación lo que había de convertirse en estado de ánimo de toda mente seria a la vuelta del siglo XIX al XX. Nietzsche, en el último tercio del siglo XIX, trató de formular un estado de ánimo, recurriendo a palabras sacadas de su patrimonio ideológico: la filosofía y arte griegos, el arte de Wagner, la filosofía de Schopenhauer, etc. Pero una y otra vez, el propio Nietzsche descartó las etapas que él mismo había elaborado.

Su último escrito se tituló: "El crepúsculo de los ídolos, filosofía a martillazos", pues él se sentía como destrozador de las ideas caducas. Extraño afán, porque esas caducas ideas sobre el espíritu de la evolución cultural ya se hallaban destruidas en los años mozos de Nietzsche; desde los siglos XIV y XV, habían perdurado solo por tradición, para extinguirse definitivamente hacia fines del siglo XIX. El aniquilamiento del espíritu antiguo estaba ya consumado: los idearios solo persistían en la fraseología vacía.

Quien, en tiempos de Nietzsche, hubiera razonado con enfoque espiritual, no habría sentido la necesidad de tener que destrozar a martillazos ideal alguno, porque habría reconocido que quedaron inoperantes simplemente por el necesario y correcto desarrollo del género humano. De no haber acontecido así, la humanidad no habría logrado la libertad. Nietzsche que, por doquiera en las fraseologías, veía aflorando aquellos ideales, tenía la obsesión de que le incumbía llevar a cabo algo que, en realidad, se había consumado muchísimo antes: ya estaba ausente el combustible interno que, en tiempos anteriores, podía mantener encendida la vida espiritual, permitiéndole al hombre iluminar tanto la naturaleza externa, como su propia vida humana. Así, en la particular área de la vida ética, esto se expresa diciendo: ya no puede haber más intuiciones morales.

Ya les dije ayer que carecen de sentido las refutaciones teóricas del materialismo como concepción del mundo, porque para nuestra época el materialismo tiene razón: los pensamientos que nuestra época ha de aceptar como acertados, son productos del cerebro. De ahí que, actualmente, la refutación del materialismo viene siendo juego de frases, y ninguna persona honesta puede conceder valor a la refutación teórica del materialismo; carece de importancia. Tengamos, pues, en cuenta que la humanidad ha llegado al punto de su evolución en el que ya no posee espíritu vivo, sino tan solo el reflejo que depende totalmente del cerebro físico. Para este espíritu reflejo, el materialismo como interpretación teórica del mundo está plenamente justificado. Lo esencial no es tener una concepción equivocada del mundo, o refutarla, sino el haber llegado a una actitud vital y psíquica carente de espíritu. He ahí lo que, cual grito trágicamente presentido, vibra en la filosofía de Nietzsche.

Esta es la situación espiritual con que tropieza el alma de la juventud sana del siglo XX. No se logrará claridad o inteligente intuición de lo que pulula en su subconsciencia y que podemos llamar la vivencia juvenil actual, si no se explora el viraje que, por necesidad, ha tenido lugar en toda la vida espiritual del momento actual.

"Si ustedes intentan caracterizar, desde otros trasfondos distintos, aquellas intuiciones indefinidas, siempre tendrán que admitir que han de superar semejantes caracterizaciones; de lo contrario, no llegarán a la verdad, sino solamente a la fraseología. En efecto, mientras el hombre actual no admita honestamente: "he de avanzar hacia el espíritu vivo y ágil, para el que el intelectualismo no constituya una realidad, sino únicamente un cadáver", no será posible evitar las confusiones de la época. En tanto que perdure la creencia de poder encontrar el espíritu en el intelectualismo, considerando éste como modalidad de aquél, a semejanza del cadáver humano que retiene la forma humana, no será posible que el hombre se encuentre a sí mismo.

Sólo puede tener lugar el encuentro del hombre consigo mismo, si honestamente se admite que la relación existente entre el intelectualismo y la esencia del espíritu es análoga a la que existe entre el cadáver y el hombre: conserva la forma, pero de ella se ha evaporado el espíritu. Y así como puede impregnarse el cadáver humano de ingredientes que conservan su forma, como en el caso de las momias egipcias, asimismo es posible conservar el espíritu, inyectando resultados experimentales en su cadáver. Pero de este modo no se llega a lo espiritual vivo, ni a nada que pueda asociarse naturalmente con los impulsos vivos del alma humana; lo único que se logra es algo muerto y que puede reflejar maravillosamente lo que está muerto en el mundo, a semejanza de la momia en la que puede admirarse todavía la forma humana. Pero el intelectualismo no suministra ninguna espiritualidad genuina, como tampoco es posible convertir la momia en hombre genuino.

En la medida en que se trate de conservar lo que ha de conservarse por medio del consorcio entre observación e intelecto, no podemos menos que reconocer que son magníficos los logros de los tiempos modernos. Desde el momento en que el hombre comprende que ha de fijarse a sí mismo la tarea de asociarse, en lo más hondo de su alma, únicamente con aquello que su propio espíritu intuye como valedero, desde ese momento no hay conexión entre el intelectualismo y el alma humana; solo subsiste el que el hombre diga: tengo sed por *algo*; y todas las comunicaciones sobre el mundo que, procedentes de subsuelos intelectuales, salen a mi encuentro, no me suministran el agua para calmar esa sed.

He ahí lo que late en los sentimiento de la juventud actual, si bien no siempre logra formulario en palabras claras. Esa juventud suele expresarse de manera tal que sus declaraciones, por ser incongruentes con lo que en ellas subyace, molestan a los adultos, molestia que fácilmente se disipa, ya que se debe únicamente al tipo de palabras rimbombantes que se usan, y que no hacen juego con sus verdaderos sentimientos.

Para el conocedor del espíritu es obvio que la fraseología se sobresalta, de modo que las manifestaciones superficiales del Movimiento Juvenil se le antojan como burbujas en constante reventón; en realidad, es el intelectualismo lo que se desborda. Con decir esto no pretendo lastimar a nadie de los aquí presentes, y si acaso he lastimado a alguien, no es por culpa mía; sin duda, lo lamentaría, pero sería justo. No puedo limitarme a decir lo que place, sino que, de vez en cuando, me toca declarar algo que desagrada a unos o a otros: siempre he de decir lo que reconozco como verdadero. De ahí que he de manifestar: no basta, para caracterizar las justificadas aspiraciones latentes en el alma de la juventud, con imprimirle los viejos conceptos que estallan en frases estereotipadas; lo que se necesita es un sentimiento de la verdad altamente desarrollado.

Verdad es lo primero y lo último que necesitamos en el fondo del alma, mis queridos amigos, y la declaración que hizo ayer su portavoz de que hemos llegado al punto de ser renuentes a pronunciar la palabra "espíritu", ya equivale a una admisión de la verdad. Realmente, sería mucho más acertado si nuestra época, habiendo perdido el espíritu, llevara a la práctica la consigna de no hablar del espíritu, para que así les entrara de nuevo a los hombres la sed de lo espiritual verdadero. No obstante, hoy se le da el nombre de "espíritu" y de "espiritual" a no sé cuántas cosas. Lo que necesitamos es veracidad, y el joven moderno que quiere reconocer la verdad relativa a su propia condición mental, no puede menos que hacer constar: la época en que vivimos ha desalojado de mi alma todo lo espiritual; mi alma, sin embargo, está sedienta de espíritu, sedienta de algo nuevo, de una renovada conquista del espíritu.

Mientras esto no se reconozca con toda sinceridad, el Movimiento Juvenil no se hallará a sí mismo. Por eso, a todo lo que ya he señalado como requisitos indispensables de nuestro afán agrego hoy lo siguiente: en lo más hondo y lo más íntimo de nuestra alma hemos de buscar la luz; afanarnos, ante todo, en pos de un entrañable sentimiento de honestidad y de verdad. Entonces sí se realizará el progreso que la humanidad necesita; sí podremos llegar entonces a hablar nuevamente del espíritu que, al fin y al cabo, es el principio que más afinidad guarda con la naturaleza humana. El alma, es a su vez, lo más afín al espíritu; por eso tiene la posibilidad de encontrarle, si quiere. Para que así sea en nuestra época, ella ha de trascender la frase estereotipada, el convencionalismo y la rutina: dejar atrás la frase, y captar la verdad; dejar atrás el convencionalismo, y establecer el inmediato y espontáneo contacto cordial de hombre a hombre; dejar atrás la rutina, y avanzar para que todo acto singular esté imbuido de espíritu, de modo que nuestras acciones no sean automáticas, como a menudo sucede, sino que él palpite incluso en el quehacer más cotidiano. En resumen: avanzar hacia la espiritualidad de la acción, cultivar los auténticos contactos interhumanos, y aspirar a la honesta vivencia de la verdad.

# Quinta Conferencia

*Stuttgart, 7 de octubre de 1922*

Ayer traté de caracterizarles la situación espiritual de fines del siglo pasado y principios del actual, en la forma en que yo mismo la experimenté, y así me ví inducido a escribir mi *Filosofía de la Libertad*.

Esta *Filosofía de la Libertad* es fruto del impulso de considerar las intuiciones morales como el elemento promotor que ha de conducir a la fundamentación de la ética del futuro. Con ese libro quise destacar que ha llegado el momento histórico en que la única manera para que progrese la moralidad consiste en que sea el hombre quien, como logro estrictamente individual, apele a los impulsos éticos que pueda extraer de las profundidades íntimas de su ser. Les llamé la atención sobre el hecho de que la publicación de la *Filosofía de la Libertad* coincidió con una época en que, en amplios círculos, se afirmaba que, por fin, se había llegado a reconocer que las intuiciones morales eran un absurdo y que había que silenciar toda logomaquia en torno a ellas. Me vi, pues, en la necesidad de fundamentar la intuición moral, que precisamente la ciencia moderna afirmaba que era necesario silenciar. Existía, pues, una radical diferencia entre lo que la época, a través de muchas de sus preciadas inteligencias, consideraba como correcto, y lo que yo estimaba esencial como base de la evolución humana.

¿En qué consiste, pues, esa diferencia? Vamos a desplazarnos por un momento, para descubrirlo, a las cavernas secretas de la vida anímica, tal como se ha configurado como un proceso en Occidente. También en tiempos pasados se había hecho referencia a intuiciones morales, diciendo que los hombres, como individualidades, pueden extraer los impulsos de la acción, al margen de la vida externa, de las profundidades de su ser. Pero ya a partir del primer tercio del siglo XV, y en creciente medida en los siglos posteriores, desde el punto de vista puramente humano, fue menguando la veracidad de lo que se venía afirmando sobre las intuiciones morales. Por mucho que los hombres declaraban que no era posible fundamentar la moralidad por la observación de hechos externos, ya no percibían nada realmente luminoso al dirigir la mirada hacia su propio interior. Afirmaban, eso sí, que existían intuiciones morales, pero ignorando totalmente su verdadera índole. Todas esas afirmaciones tenían en común desde hace siglos que en ellas continuaba girando automáticamente el modo de pensar propio de la humanidad antes del siglo XV, y se continuaba sustentando hechos que tuvieron un día su justificación.

Las tradiciones de que les hablé en días pasados y que persistían a lo largo de varios siglos, contribuían a sostener afirmaciones como ésas. Antes del siglo XV, el hombre no hablaba de ellas tan solo de manera indefinida –actitud que ya implicaba falta de veracidad–, sino que, al referirse a las intuiciones, incluso a las morales, se refería a ellas como algo que ascendiera de lo profundo de la persona, y de lo que tenía una imagen mental tan verdadera como la que se le presentaba al despertar por la mañana, al abrir los ojos y contemplar la naturaleza. Ahí fuera, veía el paisaje, las plantas, las nubes; en cambio, al mirar hacia dentro, percibía el ascenso de lo espiritual que abarcaba lo moral, que en aquellos tiempos era algo todavía dado. Cuando más retrocedemos en la evolución de la humanidad, tanto más descubrimos que es incuestionable que el hombre, en su propia vivencia, asista al efectivo ascenso de un elemento real y objetivo. Existen ciertos síntomas externos, históricos, que nos permiten estudiar los hechos que, en la forma en que acabo de exponerlos, solo son asequibles a la ciencia espiritual. Así, por ejemplo, precisamente en la época en que el referirse a la existencia de una realidad interna desemboca en toda clase de incongruencias, es cuando surge la idea de probar la existencia de Dios.

Si en los primeros siglos de la era cristiana se hubiera hablado de pruebas de que Dios existe, como más tarde lo hizo *Anselmo de Canterbury*[21], la gente no habría entendido a qué se refería, y mucho menos en tiempos precristianos. Hablar de la existencia de Dios en el siglo II o III antes del nacimiento de Jesucristo, hubiera sido lo mismo que si una de las personas aquí sentadas se levantara, y yo dijera: "aquí está el Sr. Pérez", y otra persona insistiera: "que se demuestre". Lo que el hombre de hace dos mil años intuía como realidad divina, era para él un ser que inmediatamente se erguía ante su alma, porque el hombre estaba dotado de la capacidad de percibir lo que él llamaba lo divino. Lo divino de aquella época histórica era más o menos primitivo e incompleto ante el criterio del hombre moderno; en aquella época primitiva, el hombre no podía trascender lo que él conocía; con todo, le habría parecido absurdo que se le hablara de "pruebas". Empezó, pues, la necesidad de pruebas de lo divino, cuando lo divino se había internamente perdido, eclipsado para la interna intuición espiritual. Si, sin perjuicios, enfocamos el mundo de los hechos, hemos de considerar que la exigencia de pruebas sobre la existencia de Dios es evidencia de que se ha perdido la inmediata visión de lo divino. Pero con lo divino hallábanse unidos, a la vez, los impulsos éticos de aquel entonces, esos impulsos morales que ya no podemos aceptar hoy como tales; en aquellos tiempos sí tenían validez. Por lo tanto, al apagarse, en el primer tercio del siglo XV, la capacidad de sentir lo divino-espiritual en sentido antiguo, se anuló asimismo la visión inmediata de lo moral. Y persistió únicamente el dogma tradicional de lo ético, al

---

[21] *Anselmo de Canterbury*, 1033-1109, escolástico. En la llamada prueba ontológica de la existencia de Dios, Anselmo de Canterbury concluye, a partir del concepto de Dios como perfección última, que la verdadera realidad también le pertenece.

que los hombres rebautizaron entonces como "conciencia moral", concepto sumamente indefinido.

Finalmente, cuando, a fines del siglo XIX, se proclamó que había que silenciar toda logomaquia sobre las intuiciones morales, llegamos a la postrera consecuencia de la evolución histórica: hasta entonces habían poseído los hombres al menos la confusa idea de que había habido una vez semejantes intuiciones. A partir de ese momento, empezaron a autoexaminarse. La inteligencia les capacitó al menos para ese autoexamen, y así comprobaron que, aplicando el método consagrado en las ciencias naturales, no se llegaba a intuiciones morales.

Veamos ahora, por un momento, las intuiciones morales de antaño. Al respecto, nuestra historiografía se ha vuelto muy raída, y nada nos aporta. Sin duda, tenemos a nuestro alcance una historia externa, la de los llamados hechos históricos; fue en el siglo XIX cuando, además, pretendimos fundamentar una Historia de la Cultura. En cambio, todavía no hemos concebido una historia que tenga en cuenta la vida psíquica del hombre, y así hoy ignoramos cómo lo anímico se ha ido desarrollando desde los tiempos primordiales hasta el primer tercio del siglo XV. Si retrocedemos en el tiempo y examinamos lo que en lontananza se consideraba como intuición moral, nos damos cuenta de que no era resultado de un esfuerzo interno del alma humana, y así, con toda razón, el Antiguo Testamento, por ejemplo, concebía las intuiciones morales que en él figuran, no como logros del alma humana, sino como mandamientos divinos que influían desde fuera. Y cuanto más nos remontamos en el tiempo, tanto más encontramos que el hombre sentía la intuición de lo moral como regalo interno de lo divino que existía fuera de él. Puntualizo: en tiempos remotos, las intuiciones morales se consideraban como mandamiento divino, no en sentido figurado, simbólico, sino en sentido auténtico.

Hay, pues, mucho de cierto en que ciertas filosofías religiosas llamen hoy la atención sobre la revelación primordial que precedió a los tiempos históricos de la Tierra. Al respecto, la ciencia oficial no puede ir más allá de una especie de, valga el término, paleontología psíquica. Así como en el subsuelo se encuentran los fósiles petrificados que atestiguan la vida pasada, del mismo modo se puede encontrar en las ideas morales, como si estuvieran petrificadas, las formas que atestiguan las vivas ideas morales de tiempos pasados. Así se puede llegar al concepto de la revelación primordial y decir: esa protorrevelación se eclipsó, y los hombres perdieron la facultad de ser conscientes de ella. La culminación de esta pérdida se sitúa en el primer tercio del siglo XV: los hombres ya no percibían nada al interiorizarse, y solo conservaban la tradición de lo que, alguna vez, había sido objeto de visión directa. Poco a poco, las congregaciones religiosas oficiales fueron apoderándose de esa tradición, y trocaron su contenido exteriorizado y meramente tradicional en dogmas como artículos de fe, en tanto que, antiguamente, se habían experimentado de manera viva, si bien extrahumana.

He ahí la significativa situación de fines del siglo XIX: en algunos círculos, las personas se hicieron conscientes de que ya no existen las antiguas intuiciones de inspiración divina, y al querer comprobar por medio intelectual el pensamiento de los antiguos, llegan a la conclusión de que las intuiciones morales no existen. La ciencia las ha silenciado, y los hombres, en actitud puramente receptiva, ya no son capaces de desarrollarlas. De haber sido consecuentes, ya en aquel momento, fines del siglo XIX, la humanidad debería haberse convertido en un tipo de *Spengler*[22], y decirse:

---

[22] *Oswald Spengler*, 1880-1936, filósofo de la cultura, autor de «Der Untergang des Abendlandes», 2 volúmenes, Munich 1920. Cf. Rudolf Steiner «Der Goetheanumgedanke inmitten der Kulturkrisis der Gegenwart. Collected Essays 1921-1925", El pensamiento del Goetheanum en medio de la crisis cultural del presente. Ensayos reunidos (GA 36).

puesto que las intuiciones morales no existen, la humanidad no puede realmente hacer otra cosa que desecarse en el futuro. A lo sumo, uno hubiera podido preguntar al abuelo: ¿oíste que, alguna vez, existían intuiciones e influencias morales? Y el abuelo habría respondido: hay que escarbar libros y bibliotecas, para adquirir algún conocimiento de segunda o tercera mano relativo a esas intuiciones morales; más por vivencia directa, ya no es posible. Entonces uno habría tenido que sacar la conclusión: ya no queda otra alternativa; hemos de desecarnos en cuanto a intuiciones morales, caer en la senectud, renunciar a la juventud. He ahí lo que habría sido la auténtica consecuencia. Nadie se atrevió a esto, porque el ser consecuente no era prominente atributo del naciente período intelectualista.

A muchas otras cosas, además, uno no se atrevía: todo juicio se emitía a medias, al estilo digamos de *Du Bois-Reymond*[23] en su célebre discurso sobre "Los límites del conocimiento de la naturaleza" , donde afirma que no es posible incluir en las ciencias naturales el supernaturalismo, que es pura creencia, no saber; donde principia el supernaturalismo, termina la ciencia. Y así quedó fácilmente excluido. Si alguien se arriesgaba a cualquier afirmación más amplia a propósito del supernaturalismo, se le increpaba diciendo: eso ya no es ciencia. Como ya dije, el ser consecuente no era virtud del fin de siglo.

Así tenemos, por un lado, la alternativa del desecamiento: lo espiritual paulatinamente invade lo psíquico; lo psíquico, lo físico; y tras algunas décadas, el alma ya tan solo podría sacar de su escondite algunos impulsos caducos, relativos a la moralidad, lo que desembocaría en una senectud acelerada: no a los treinta, sino ya a los veinte, los hombres serían calvos, y a los quince ya aparecería la cana.

---

[23] *Emil Du Bois-Reymond*, 1818-1896, científico naturalista. «Sobre los límites del reconocimiento de la naturaleza. Los siete enigmas del mundo", Leipzig 1882.

Estoy utilizando un lenguaje algo figurado; a lo Spengler, como impulso vital práctico: he ahí la primera alternativa.

Por otro lado, está la comprensión inmediata de que, con la pérdida de las antiguas intuiciones, nos hallamos frente a la nada. ¿Qué hacer? ¡Buscar, en la nada el todo! Buscar, partiendo de esta nada, algo que no nos sea dado, sino que tengamos que lograr mediante esfuerzo. Ya no era posible lograr entonces nada con las energías pasivas languidecientes. Se requerían las más vigorosas fuerzas cognoscitivas de que disponía el hombre en esa época: las del pensar puro, ese pensar puro que transmigra directamente hacia la voluntad. Veamos la diferencia: observar y pensar es posible sin mayor esfuerzo volitivo; el experimento y el pensamiento no transmigran hacia la voluntad; en cambio, para desplegar el pensar puro, actividad elemental y originaria, para eso sí que se requiere energía. La chispa de la voluntad ha de hacer impacto inmediato en el pensar, y eso solo es posible si el rayo de la voluntad surge de la singularísima individualidad humana. Se necesitaba, pues, en ese trance peculiar, el valor de apelar a ese pensar puro que, a su vez, se convierte en voluntad pura. Esta voluntad pura, sin embargo, se convierte en una nueva facultad: la capacidad de extraer impulsos morales de la inmediata individualidad humana, impulsos que luego han de elaborarse, pues ya no son dados como los de antaño. Nuestra época da el nombre de fantasía a todo lo que el hombre logre por esfuerzo interno. Silenciado ya de por sí el trabajo interior, los venideros impulsos morales habían de nacer de la fantasía moral, lo que implica que el hombre había de orientar hacia la fantasía creadora y moral la fantasía meramente poética y artística.

En la antigüedad, las intuiciones se conferían siempre a grupos, no a individuos. Existe una misteriosa conexión entre la revelación primordial y los grupos humanos, que conjuntamente recibían las intuiciones. Las nuevas intuiciones, en cambio, que ahora nos incumbe elaborar, tienen su taller en cada alma humana individual en particular, lo que quiere decir que cada individuo ha de convertirse en manantial de lo ético, y que lo ético ha de extraerse por medio de la intuición, de la nada con lo que uno se enfrenta.

Esto era el último recurso si, como hombre honrado, uno no quería consagrarse a un modo de *spenglerismo*, actitud no muy vívida que digamos. El desafío consistía en encontrar, a partir de la nada con que los hombres se sentían enfrentados, una nueva realidad henchida de vida; de ahí que, inicialmente, no se podía apelar sino a un primer comienzo. Pues aquello a lo cual había que recurrir, es un impulso creador del hombre interno, activo en el externo. Recordemos que, antaño, el hombre externo recibía los impulsos morales desde el exterior, pero llegaba el momento en que tenía que crear su propio hombre interno, del que recibía, a la vez, la nueva intuición moral. Por eso, la *Filosofía de la Libertad* había de nacer como hija de su época, pero hija que, al mismo tiempo, tendría que oponerse rigurosamente a ella.

Vinculemos con lo que antecede una reflexión sobre la situación psicológica del hombre moderno, desde otro ángulo distinto. Deténganse en que, casi como paso previo al intelectualismo en la civilización occidental, se fue eliminando, desde hace bastante tiempo, la conciencia de la existencia prenatal del ser humano. Se privó a la civilización occidental de esa conciencia desde tiempos muy remotos, de modo que el hombre occidental no sentía que durante su estado embrionario se unía con él algo distinto, algo que descendía de las alturas anímico-espirituales y penetraba en el ser terrenal físico.

¿Cómo se realiza esta penetración? La visión respectiva llega a una imagen muy concreta. Recuerden que ya les llamé la atención sobre una imagen que ilustraba lo que voy a decirles. Dije que, cuando miramos un cadáver, sabemos que no pudo haber recibido su forma de fuerzas naturales ordinarias, sino que ha de ser despojo de un hombre que había estado vivo. Sería una necedad concebir la forma del cuerpo físico como algo vivo en sí: hay que remontarse a lo que era el hombre vivo. Así, también el pensar intelectualista, si lo contemplamos sin prejuicios, se nos antoja como tal despojo. Naturalmente que la gente dirá: ¡pruébalo! Aunque se prueba precisamente por la visión directa, y aunque no es imposible reunir un puñado de pruebas que realmente sirven tan solo para cosas secundarias, para ilustrar este punto, tendría que darles una cátedra de algunos capítulos de filosofía para probarlo, y esto cae fuera de nuestro cometido. Con todo, para el espectador imparcial, la relación entre el pensar intelectualista del que mana toda nuestra civilización actual y el pensar vivo es la misma que existe entre el cadáver y el hombre vivo: así como el cadáver desciende del hombre vivo, del mismo modo mi pensar moderno tiene su origen en el pensar vivo que tenía yo en tiempos pasados. Y con pensar incorrupto he de decirme: ese pensar muerto ha de haber descendido de otro vivo que existía antes del nacimiento; el organismo físico es la tumba del pensar vivo, el receptáculo del pensar muerto.

Ahora bien, existe la peculiaridad de que, en las primeras dos épocas de la vida humana, o sea, la que va hasta los seis, siete u ocho años, hasta el fin de la segunda dentición, y luego la que va hasta los 13 ó 15 años, esto es, hasta la pubertad, subsiste un pensamiento que todavía no está totalmente muerto. Así asistimos a la agonía del pensar que, en rigor, solo tenía plena vida en la existencia prenatal. En los primeros dos septenios de la vida, ya está moribundo. Desde el primer tercio del siglo XV, la muerte definitiva del pensar vivo queda consumada precisamente al sobrevenir la pubertad humana, y el pensar queda convertido en cadáver de lo que era el pensar vivo propiamente. No siempre ha sido así en la evolución de la humanidad, pues si retrocedemos más allá del siglo XV, notamos que el pensar todavía tenía cierta vitalidad, es decir, que todavía existía el pensamiento tan impopular entre la gente de hoy, porque tiene la sensación de que pulula un hormiguero en su cerebro. Ya dije que a la gente de hoy no le gusta que haya algo vivo en ella; quiere que la cabeza esté tranquila y cómoda que el pensar transcurra en forma tranquila, con tan solo un poco de ayuda por parte de las leyes lógicas. En cambio, el pensar puro es similar a un hormiguero cerebral, eso dicen que no es saludable. A principios del siglo XV, todavía se resistía el pensar vivo.

No digo esto para ejercer crítica. Además, sería inoportuno, como sería inoportuno reprocharle a la vaca el que dejara de ser ternera. La mayor desgracia para la humanidad hubiera sido la no-realización de ese cambio: fue necesario que muchas personas no resistieran ese hormiguero cerebral, pues lo muerto tenía que volver a la vida por otro camino.

Detengámonos en ello. Desde mediados del siglo XV, los hombres, trascendida la pubertad, experimentaban en su fuero interno un pensar virtualmente muerto. Se sentían saturados del cadáver del pensar. Si ustedes captan esta afirmación seriamente, comprenderán que, solo de entonces en adelante, pudo nacer una verdadera ciencia natural inorgánica, ya que solo a partir de entonces pudo el hombre comprender leyes estrictamente inorgánicas. Sólo desde ese momento se hizo posible entender lo muerto tal como se aspiraba desde Galileo y Copérnico. Primero tenía que morir lo vivo que existía en la mente. En tanto que el pensar estaba todavía internamente vivo, no podía comprenderse lo muerto, porque el modo cognoscitivo interno trascendía a lo externo. Las ciencias naturales fueron entonces acrisolándose progresivamente hasta que, hacia fines del siglo XIX, se convirtieron en casi pura matemática. He ahí el ideal: ser pura *foronomía*[24], modalidad de la mecánica pura.

---

[24] Foronomía: el estudio de las leyes del movimiento.

Así, en los tiempos recientes, lo muerto se ha ido erigiendo, más y más, en objeto principal del conocimiento; a ello se encaminaba todo. Evidentemente, la transición no fue de un día a otro; aunque implicó algunos siglos, la evolución siguió esta línea. Individualidades geniales como, por ejemplo, de *Lamettrie*[25], ya profetizaban la mecanización del hombre. Sin duda que el hombre solo deseoso de comprender lo muerto, recurre únicamente a lo mecánico, a lo muerto que en él existe, circunstancia que facilita al hombre moderno el desarrollo de las ciencias naturales. En tanto que, antiguamente, se recibían las intuiciones infundidas por Dios, porque en el pensar latían las energías de crecimiento mucho más allá de la pubertad. Hoy día, el pensar muere con la pubertad, y se desvanece en el hombre el pensar vivo. Y no aprende nada nuevo en su vida ulterior; tan solo repite lo que ha hecho suyo en la infancia y niñez.

Quienes tenían la cultura en su mano, los viejos, se sentían a sus anchas al abarcar un mundo muerto a través de un pensar muerto, excelente recurso para fundamentar la ciencia. Pero este recurso no permite enseñar y educar a la juventud. ¿Por qué? Porque la juventud hasta la pubertad ha conservado la vitalidad del pensar, aunque sea inconscientemente. Por eso, y pese a toda reflexión sobre las máximas educativas que se han formulado en tiempos recientes, cuando la anquilosada ciencia objetiva, superlativamente facultada para abarcar lo muerto, se mete a educadora y se acerca a lo vivo juvenil, siente el joven como si se le clavara un aguijón en la carne que penetre en el corazón, significando la muerte. Quieren que uno se arranque la vida del corazón. Así, por las inmanencias de la evolución humana, hubo de producirse lo que, hoy día, pasa inadvertido para muchas personas, aunque exista de manera radical y tajante: el abismo entre la vejez y la juventud. Ese

---

[25] Julien de Lamettrie, 1709-1751, filósofo francés, «El hombre, una máquina», Leipzig 1875-.

abismo descansa simplemente en que la juventud rehuye aceptar que se le clave en su corazón vivo el aguijón mortífero que el cerebro elabora con el simple intelectualismo. Entonces, clama por una vitalidad que solo puede elaborar la individualidad humana con base en el espíritu. Así es acertado que tratemos nosotros de elaborarla, en contacto con las intuiciones morales.

En mi *Filosofía de la Libertad*, intenté describir realidades puramente espirituales, pues las intuiciones morales, algo puramente espiritual, son elaboradas por la individualidad humana. Y lo gracioso fue que tan pronto como me arriesgué a abrir la boca, apelando a lo puramente espiritual vivo, precisamente cuando los demás decretaban su silencio, esas potencias enmudecieron. La ciencia está muerta y no puede vitalizar la palabra. No cabe recurrir, pues, a ella; hay que apelar a una vitalidad interna, buscarla primero. La llamada a las originarias intuiciones morales es un elemento divino. Y así, aprehendiendo lo espiritual, es posible desplegar también aquellas energías que, partiendo de ello, nos permiten aprehenderlo en otras regiones de la existencia cósmica. He ahí el camino directo de las intuiciones morales a los demás contenidos espirituales.

En mi libro *Cómo se alcanza el conocimiento de los mundos superiores* traté de exponer que el conocimiento de los mundos suprasensibles va estructurándose paulatinamente a partir de vivencias imaginativas, inspiradas e intuitivas. Si se contempla la naturaleza externa, lo primero a que se llega es la Imaginación, luego la Inspiración, y, finalmente, la Intuición. Distinto es en el mundo moral: si en él se llega a la visualización plástica que es la Imaginación, en ella se habrá desarrollado, al mismo tiempo, la facultad de intuiciones morales. En la primera etapa entonces ya se conquista lo que, en el mundo natural, no se alcanza hasta la tercera: en el mundo moral, a la percepción externa le sigue, de inmediato, la Intuición, en tanto que, en la naturaleza, se interponen otras dos etapas entre una y otra. De modo que quien, no en frases vacías, sino con veracidad sincera, haya hablado de Intuiciones en el campo moral, no podrá menos que reconocerlas como algo puramente espiritual. Pero esto no basta; hay que persistir en el esfuerzo para encontrar lo espiritual también en otras regiones. Y es que, cualitativamente, en la Intuición moral el hombre habrá aprehendido aquello que, después, llenará de algún contenido que propicie el desarrollo natural, la *Ciencia Oculta*, por ejemplo.

He ahí precisamente lo que necesitamos hoy, amigos míos: por un lado, el pleno reconocimiento de que la ciencia externa no puede abarcar sino lo material, por lo que al movernos en lo material, no trascendemos el puro fenomenalismo. Mas, por otro lado, hemos de revitalizar aquello que, a consecuencia de la ciencia natural, se ha convertido en pensar muerto. Y así cobra vida, a un nivel más elevado, una palabra bíblica, una cita bíblica a la que recurro únicamente en búsqueda de cierta aclaración. ¿Por qué hoy ya no tenemos filosofías auténticas? Porque el pensar, tal como lo he caracterizado, ha muerto; de ahí que las filosofías que se apoyen únicamente en ese pensar que ha muerto, son algo muerto desde un principio; carecen de vida. Y si, de vez en cuando, alguien busca lo vivo en la filosofía, como *Bergson* (1859-1941), fracasa en su intento: patalea en pos de lo vivo, pero no logra asirlo. Aprehender lo vivo significa primero desarrollar la facultad de la visión. ¿Cómo? Enriqueciendo con muchas aportaciones, después de los 15 años, lo que antes latía en nosotros sin haber sido estorbado por nuestro intelecto. Hemos de aprender a introducir en el pensar necrotizado la viva sabiduría autónoma que actúa en nuestro interior, e impregnarlo de poder germinativo y realidad. Por esta razón, y no por algún falso sentimentalismo, quiero hacer alusión a la antes anunciada cita bíblica: *"Os aseguro que si no cambiáis y os hacéis como los niños, no entraréis en el Reino de los Cielos"*. Mateo 18:3.

Al fin y al cabo, lo que se busca es siempre el reino de Dios; pero si uno no se vuelve como niño, no se puede entrar en ese reino. Hay que introducir en el pensar muerto lo que yo llamaría saludable puerilidad; para vitalizarlo y recobrar la intuición. Podría decirse que en la palabra del adulto, reverbera constantemente la sabiduría primaria de lo infantil. En una teoría linguística como la que escribió *Fritz Mauthner*[26], se desacreditan no solamente las intuiciones morales, sino que también se desacredita todo hablar en torno al mundo. Deberíamos dejar de hablar del mundo, porque Mauthner mostró que todo hablar sobre el mundo es pura verborrea, pues las palabras no pueden expresar realidad alguna.

Semejante modo de pensar no empezó a cundir hasta el primer tercio del siglo XIX. Pero la gente no reflexiona cómo sería el mundo si nuestras palabras y conceptos, no solo *significaran* algo, sino *fueran* algo. En este caso, no serían transparentes y sí ocultarían el mundo sensible como lentes empañadas ante nuestros ojos: nos ocultarían la visión del mundo. ¿Qué habría sido del hombre, si sus conceptos y palabras tuvieran significado propio? Se atascaría en ellos. Los conceptos y las palabras han de ser transparentes para que, a través suyo, el hombre llegue a lo que ellos aluden. Si alguien proclama, pues, que todo parloteo sobre las realidades ha quedado silenciado, es necesario aprender un nuevo lenguaje.

Hemos de remontarnos, pues, a la infancia; aprender un nuevo lenguaje. Muere paulatinamente el lenguaje que aprendemos en los primeros años de la infancia, conforme penetran en él los conceptos intelectualistas muertos: hay que resucitarlos, producir un impacto en lo que pensamos, a semejanza del que recibimos de lo inconsciente, cuando

---

[26] Fritz Mauthner, 1849-1923, escribió, entre otras obras, «Beitrage zu einer Kritik der Spracho», 3 volúmenes, 1923, «Die Sprache», 1907, «Wörterbuch der Philosophie», 2 volúmenes, 1923/24.

aprendimos a hablar: busquemos una ciencia viva. Nos tiene que parecer natural que el modo de pensar que alcanzó su clímax en el último tercio del siglo XIX, nos silenciara en cuanto a las intuiciones morales. Pero hay que aprender a hablar, dejando que sea el espíritu quien mueva nuestros labios. Porque entonces volvemos a ser como niños, es decir, introducimos la infancia en la edad avanzada: he ahí lo que corresponde. Si algún Movimiento Juvenil pretende ser verídico, no simple frase vacía, ese Movimiento será, por necesidad, ansia de que el espíritu hable a través nuestro, ansia de que él vitalice el habla que emana de la individualidad humana. En resumen: primero hay que extraer de la individualidad humana las intuiciones morales, también individuales, y como consecuencia, de ellas surgirá la verdadera Ciencia Espiritual que convierte la antropología en Antroposofía.

# Sexta Conferencia

*Stuttgart, 8 de Octubre de 1922*

Muchos de ustedes, con ocasión de su estancia en Stuttgart y de todo lo que se proponen emprender durante esta estancia, piensan ante todo en lo pedagógico; quizá no tanto en lo pedagógico escolar como comúnmente se define, sino más bien en la pedagogía cuya necesidad salta a la vista al detenerse en el hecho de que nuestra época necesita que varios nuevos impactos entren en la evolución de la humanidad; y que ha de cambiar toda la actitud de la vieja generación frente a la joven, cambio que ha de servir de base al desarrollo de nuevos conceptos y sentimientos. En cierto modo, se concibe lo pedagógico como la tónica de nuestra época.

Con esto, quiero describir la impresión que, según creo, puedo observar en muchos de ustedes. Y es que, si enfocamos la realidad en que vivimos, hemos de considerar, no solamente la relación entre la generación que en plena gallardía juvenil ha entrado en nuestro siglo, y la generación adulta que todavía arrastra algo del último tercio del siglo XIX, conforme lo describí en días pasados, sino, además y sobre todo, de plantearnos la pregunta: ¿cuál será nuestra conducta ante la generación *que nos siga* y que, al igual que la primera después del último tercio del siglo XIX, ya no podrá asumir, frente a la nada que representa, la actitud que todavía era posible para la generación anterior? La generación futura ya no poseerá ni siquiera aquello que el momento actual ha dado a la joven generación, por cierto ánimo de oposición contra lo más viejo: el entusiasmo por algo más o menos indefinido, pero entusiasmo al fin. Lo que se desenvuelva en el porvenir, tendrá más carácter de afán, de añoranza indefinida, que lo que caracterizó el entusiasmo derivado de la actitud de oposición contra lo existente.

Ante esta situación, es necesario explorar el alma humana más profundamente de lo que ya hice en días pasados. Aludí de paso entonces a que la evolución moderna, en Occidente, ha perdido la consciencia de la existencia prenatal del alma. Si nosotros, con miras a las ideas que, por ser religiosas, guardan particular afinidad con la evolución del corazón humano, enfocamos los siglos recién trascurridos, hemos de afirmar: desde hace mucho tiempo, la humanidad ha perdido la certidumbre de la vida que precede al descenso al cuerpo terrenal físico. Por un momento les ruego que traten de imaginar emotivamente cuán distinta es la condición psíquica de quien está convencido de que, con el hombre, algo ha descendido de los mundos divino-espirituales al cuerpo físico y se ha unido a él. De carecer de esa consciencia, tenemos frente al niño una sensación totalmente distinta.

Con esta consciencia, el infante nos revela, desde el momento de nacer, o incluso un poco antes, algo que procede del mundo espiritual, algo que se manifestará día a día, semana a semana, año tras año. Para semejante consciencia, el niño se convierte en un enigma al que el adulto se abre de manera muy distinta a cuando cree que es un ser cuyo desarrollo empezó en el nacimiento o en la concepción.

Quizá nos entendamos mejor todavía, si consideramos que con esta actitud se relaciona un sentimiento básico frente al enigma del universo. En tiempos antiguos, ese sentimiento se cifraba en la frase paradigmática: "hombre, conócete a ti mismo", frase casi única que apunta al enigma del universo tal cual, que se resiste a las contradicciones en torno a la solución de ese enigma. Voy a expresarlo de modo algo paradójico. Supongamos que alguien presumiera haber encontrado la solución. ¿Qué haría la humanidad a partir de esa efemérides clave de la evolución en que se proclamara la solución? Perdería toda la frescura del afán; acabaría toda vitalidad afanosa. Sería, de verdad, sumamente desolador aceptar que el enigma del mundo ha quedado resuelto a nivel cognoscitivo, y que basta consultar determinado libro para conocer esa solución.

Posiblemente existen muchas personas que creen en semejante solución. Se imaginan que el enigma del universo es una pregunta, o un sistema de preguntas, a las que se puede responder mediante explicaciones, caracterizaciones, etc. ¡Cuán mortífero sería semejante parecer! Uno puede sentirse realmente sobrecogido ante la idea de que, aquí o allá, pudiera surgir la solución al enigma del universo, y que fuera difundible. Es, de verdad, una idea terrible y espantosa, ante la cual se congela toda vida.

En cambio, lo implícito en "hombre, conócete a ti mismo" enuncia algo radicalmente distinto. Significa: mirad el mundo; el mundo henchido de enigmas, de misterios, donde el más leve conato de movimiento del hombre es indicio de los secretos del cosmos en el más amplio sentido. Es posible señalar con toda precisión, dónde se hallan resueltos todos esos enigmas, y mediante una brevísima fórmula: ¡en el hombre, en el más amplio sentido! El hombre mismo, tal como deambula por el mundo como ser vivo, es la solución del enigma del universo. Contemplad el sol, y sentid uno de los secretos del mundo. Interiorizaos y sabed: la solución del secreto late en ti. "Hombre, conócete a ti mismo, y conocerás al mundo".

Al enunciar la fórmula de esta manera, sin embargo, se da a entender, a la vez, que la respuesta no se halla en parte alguna. Aunque sea verdad que es el hombre la solución del enigma del universo, para conocerlo a fondo hay que relacionarse con una infinitud en plena vitalidad, empresa inacabable. Dentro de nosotros llevamos la solución del enigma del universo, pero no nos es dado alcanzarla. Eso nos indica tan solo que el universo no nos plantea determinadas preguntas abstractas, a las que se responda de manera igualmente abstracta; sabemos que todo el universo es pregunta, y que el hombre es respuesta; que la gran interrogación del universo resuena desde tiempo inmemorial hasta el presente, y que la respuesta resuena en el corazón humano; sabemos que las preguntas mantendrán su resonancia hasta un futuro infinitamente distante. Y que a los hombres les incumbe aprender a vivir las respuestas, desde ahora hasta ese futuro en lontananza. No nos vemos orientados, de manera pedante y explícita, a algo que pudiera encontrarse en algún libro, sino hacia el hombre mismo. Mas en el apotegma "hombre conócete a ti mismo" reverbera algo, desde los tiempos en que la escuela, la iglesia y los centros artísticos formaban una unidad en los Misterios iniciáticos, algo que nos orienta hacia una dirección donde se aprendía, no con base en recetas o artículos de fe, sino con fundamento en el Gran Libro del Mundo, descifrable, pero solo por medio de una actividad sin fin. Este Libro sobre el Mundo tiene un nombre: "el Hombre".

Si captamos toda la riqueza de lo que ayer expuse, encontraremos que en ese viraje del afán de conocer, en esa nueva actitud ante la cognición, prende en el hombre como ser cognoscente la propia chispa de la vida. He ahí lo que necesita.

Si desfila ante nuestra mente la evolución moral-ética de la humanidad, hasta el momento que se tornó problemática, esto es, hasta el primer tercio del siglo XV, nos damos cuenta de que fueron necesarios los más variados estímulos para que el hombre obedeciera a lo que ayer llamé *mandamientos divinos*. Si nos detenemos en esos estímulos que dominaban los más diversos grupos étnicos en las más diversas épocas, encontramos una larga serie de impulsos internos que hallan su expresión en estar orientados como instintos con base en ciertas condiciones vitales. Podríamos llevar a cabo los más sugestivos estudios sobre cómo la tendencia a obedecer las antiguas intuiciones morales surgió de la familia, de la tribu, de la sexualidad, de la necesidad de convivencia en los conjuntos étnicos, de la persecución del interés personal, etc.

Pero así como las antiguas intuiciones morales decayeron en la evolución histórica, conforme destacamos ayer, así también perdieron pujanza todos esos impulsos tan efectivos en tiempos pasados en el individuo. Y particularmente, perderán mayor vigor todavía, cuando las intuiciones morales procedentes del interior afloren efectivamente en el hombre, es decir, cuando realmente los individuos singulares sean llamados, por un lado, a encontrar, por propio esfuerzo anímico, las intuiciones morales y, por el otro, a despertar la energía interna, los estímulos, en afán de esas intuiciones morales. Entonces se cae en la cuenta de cómo los antiguos impulsos morales van tranformándose en cierta dirección.

Observamos hoy el advenimiento de dos de los más importantes impulsos morales, si bien desconocidos y mal interpretados por la mayor parte de la humanidad civilizada, impulsos que ascienden de nuestro subsuelo anímico. Si se quiere interpretarlos, se suele caer en las ideas más equivocadas, y si se quiere pronosticarlos, comúnmente no se sabe cómo proceder; de todos modos son impulsos en ascenso. Son, para la interioridad humana, el impulso del amor ético; para las relaciones interhumanas, el impulso ético de confianza mutua.

Ese amor ético, indispensable en el futuro inmediato para toda vida ética, no lo era en el pasado, ni en cuanto a intensidad, ni en cuanto a su forma, Entonces, al igual que hoy, era válido el adagio: "El afán y el amor son las alas de grandes proezas"[27]. Pero si se quiere ser veraz, y no adicto a los decires convencionales, hay que admitir: aquel afán y aquel amor que incitaban a los hombres a la acción,

---

[27] «La lujuria y el amor son las alas de las grandes hazañas»: Otra traducción de las palabras de Pílades en «Ifigenia en Tauride» de Goethe, Acto 2, Escena 1.

no eran sino metamorfosis de los impulsos antes aludidos. En el porvenir, el puro y gran amor tendrá que dar alas al hombre, desde dentro, para la ejecución de sus intuiciones morales; y se sentirán débiles e impotentes ante esas intuiciones quienes no prendan, desde su fondo anímico, el fuego del amor a la moral, cuando, gracias a su intuición, tengan clara visión del acto que hayan de realizar.

He ahí la división de los tiempos, en lo histórico. Para visualizarlo, confrontemos los atavismos crepusculares de antaño que todavía reverberan en el presente con lo nuevo que apenas late en nosotros como premonición de futuras auroras. Todos ustedes conocen la bella palabra sobre el deber, formulada por Kant: "Oh, deber, nombre sublime y grande, que nada encierras de querido, nada que nos halague; solo exiges sumisión", etc. He ahí lo más categórico que pueda decirse del deber como característica de los impulsos morales. En la afirmación de Kant, el contenido del deber se yergue como intuición moral impuesta desde fuera; y ante ella se encuentra, por otro lado, el hombre en obligada sumisión. Kant considera, como particularmente ético, que el hombre se supedite en actitud a una de íntima complacencia en el cumplimiento del deber; tan solo al gélido imperativo: he de cumplir con el deber.

Schiller[28] contrapuso a esa exigencia kantiana sobre el deber esta otra: "Con gusto les sirvo a los amigos; pero, qué lástima, lo hago por inclinación; y así, me aflige a menudo, el que no sea yo virtuoso". He ahí la respuesta irónica de Schiller al imperativo categórico de Kant.

A ese imperativo categórico, legado de los antiguos tiempos y de los antiguos impulsos morales, se contrapone la demanda a la humanidad de ir desplegando más y más, desde las profundidades del alma, lo que ha de trocarse en acción, en hecho. Así, por mucho que en el futuro resonara

---

[28] Schiller: «Con gusto sirvo. ...»: Poemas, «Los filósofos. Escrúpulos de conciencia».

para la humanidad el: "sométete al deber, a aquello que no te halague" –resultaría ineficaz– o así como, a la edad de 60 años, no se pueden desarrollar caprichos de lactante, así tampoco se puede vivir, en un momento posterior de la evolución histórica, lo que era adecuado anteriormente. Puede que a alguien lo de antaño le guste más. Pero esto no importa; lo que importa es lo que, en determinada etapa de la marcha evolutiva, es necesario y posible. Simplemente no hay posibilidad de discutir sobre si es o no conveniente transferir al futuro lo que Kant, como epígono de tiempos prístinos, dijo en su paradigma. No es posible transferirlo, porque la humanidad lo ha trascendido en su desarrollo; la evolución actual tiende a que la acción por amor sea la que suministre el impulso a la humanidad futura.

De esta manera, conquistamos, por un lado, el concepto de *individualismo ético* y, por otro, la necesidad de saberlo sostenido por el amor que resulta de la contemplación del acto por realizar. Así es, desde lo subjetivo del hombre. Y ¿cómo es desde lo externo, desde la vida social? Hoy día, nos salen al paso personas en quienes apunta cierta inquietud, ya no como resultado de la evolución humana progresiva, sino como efecto de opiniones externamente admitidas, personas que afirman: "si uno pretende fundamentar la moralidad en el individuo, se destruye la vida social". Mas semejante afirmación carecería en absoluto de contenido; sería más o menos tan inteligente como si alguien dijera: "Si en Stuttgart caen tantas y tantas lluvias en el curso de tres meses, la naturaleza destruye tales o tales cosechas en el campo". No se puede decir nada más carente de sentido, si se tiene consciencia de cierta responsabilidad cognoscitiva. Considerando que la humanidad se desarrolla hacia el individualismo, carece en absoluto de sentido declarar que el individualismo ético destruye la sociedad. Se trata más bien de localizar las energías con las que pueda continuar la evolución humana, las que se necesiten para el progreso en sentido del individualismo ético, a consecuencia del cual la sociedad va a mantenerse unida y revitalizarse más que nunca.

Una de semejantes energías es la confianza, confianza de hombre a hombre. Así como, para salvar el porvenir ético de la humanidad, hemos de apelar, en lo interno, al amor. Del mismo modo, en lo externo, es decir, en nuestro trato interhumano, hemos de apelar a la confianza, Salgamos al encuentro del hombre, considerando que él es el propio enigma del universo, que es el enigma ambulante del universo. Así, ante cada persona aprenderemos a desarrollar los sentimientos capaces de suscitar la confianza, desde lo más íntimo de nuestra alma. La confianza en sentido muy concreto, individual, personalizado, es lo más difícil que del alma aflora. Y, sin embargo, sin una pedagogía cultural que se oriente hacia la confianza, no es posible que progrese la civilización. En los tiempos futuros, la humanidad, por una parte, tendrá que sentir la necesidad de edificar toda vida social sobre la confianza, y, por la otra, ser consciente de la tragedia que significa el que la confianza no puede anidar debidamente en el alma humana.

Oh, amigos míos, el sentimiento de decepción que los hombres, a lo largo de la historia, han sentido ante el individuo en quien confiaban, será superado en el porvenir, en su aspecto trágico, cuando los hombres, después de haber profundizado infinitamente su sentido de confianza conforme lo descubrieron, sufran trágicas decepciones ante otras personas. En el porvenir, lo más amargo de la vida será la decepción que otras personas nos produzcan; lo más amargo, no porque en el pasado no hubiera existido la decepción entre los hombre, sino porque el sentido de confianza y desilusión se profundizará inmensamente, porque los hombres levantarán sus aspiraciones sobre lo que se opera en el alma, por un lado, a raíz de la felicidad producida por la confianza, y, por el otro, a raíz del dolor que la desconfianza genere: los impulsos éticos penetrarán entonces hasta los entresijos del alma, donde germinarán, nutridos por la confianza en los hombres.

Así como será el amor el que aliente nuestra mano y brazo hacia la acción, asimismo tendrá que afluir hacia nosotros, desde fuera, la atmósfera de confianza, para que la acción encuentre el camino de un hombre hacia otro. La ética venidera tendrá que establecer su solar en el amor ético liberado del fondo más profundo del alma humana, y el quehacer social del futuro habrá de estar sumergido en la confianza. Para que la individualidad humana pueda encontrar la individualidad, en moralidad, se necesita, ante todo, esa atmósfera de confianza.

He ahí la perpectiva de una ética del futuro, de una nueva concepción de la moral, en la que se recurra poco a las tradicionales intuiciones éticas, pero en la que se hable con reciedumhre de cómo el hombre ha de desarrollarse desde la infancia para que en él se despierte el poder del amor ético. Mucho será lo que, en la pedagogía del futuro, maestros y educadores hayan de transmitir a la generación en cierne, por medio de valores educativos intangibles. Así por ejemplo, en la enseñanza de la nueva antropología, poco importará la enumeración más o menos abstracta: "el hombre es esto y aquello, dotado de tal o cual atributo", sino lo que nos conduzca hacia el prójimo, de modo que podamos adquirir la correcta confianza en él.

Conocimiento del hombre, mas no un conocimiento que nos deje fríos ante nuestros congéneres, sino que nos llene de confianza: he ahí el nervio fundamental de la pedagogía futura. En ella será indispensable volver a tomar en serio algo que, en tiempos pasados de la historia humana, se tomaba muy en cuenta, pero ya ha quedado al margen en la época del intelectualismo.

Retrocedamos tan solo a Grecia, y encontraremos que el terapeuta, por ejemplo, en el ejercicio de su arte de curar, se sentía sumamente afín con el hombre que ejercía la profesión sacerdotal; y que los sacerdotes, a su vez, se sentían afines, en cierto modo, con el terapeuta, Algo de este temple anímico trasluce todavía, si bien de manera un poco confusa, en la persona de Paracelso[29], tan poco comprendido en su época, y tan poco justipreciado hasta el día de hoy. Se asigna actualmente a la religión tan solo esa abstracta instrucción de la humanidad que, en realidad, consiste tan solo en indicaciones que nos desvían de la vida real. La religión les habla a los alumnos sobre lo que el hombre es, cuando no tiene cuerpo, y cosas por el estilo, en forma totalmente distanciada de nuestra cotidianeidad. Frente a ello, se halla el otro polo de la civilización procurando que sea máxima la distancia que lo separe de lo religioso.

¿Quién, por ejemplo, ve hoy en el arte de curar un acto religioso, es decir, un acto en que importa la impregnación de la espiritualidad? Paracelso lo sentía todavía; para él lo religioso todavía se extendía hasta la ciencia terapéutica, rama de lo religioso. En tiempos antiguos, el hombre constituía una unidad, porque lo que él tenía que llevar a cabo al servicio de la sociedad, estaba saturado de impulsos religiosos. Hoy hemos de recobrar –si bien de manera distinta, es decir, por intuiciones morales que sean fruto del propio esfuerzo, y no por infusión divina– que la vida entera quede nuevamente penetrada de esa tendencia religiosa, lo que ha de ponerse en evidencia, ante todo, en el campo educativo y docente. Confianza de hombre a hombre: he ahí lo que ha de penetrar en la vida social, ésa es la gran exigencia del futuro.

Si nos preguntamos: ¿qué es lo primordial para ser hombre ético? la respuesta ha de ser: tener confianza en el hombre. Cuando el niño nace, es decir, cuando viene de su existencia prenatal y se une a su cuerpo físico para uti-

---

[29] *Paracelsus, Theophrastus von Hohenheim*, 1493-1541, científico natural y médico.

lizarlo como instrumento en su estancia terrena; cuando el hombre, revelándonos visiblemente su psique, nos sale al encuentro como niño, ¿qué confianza hemos de brindarle? No la que brindamos a los hombres de nuestra generación, sino una confianza cualitativamente distinta: si salimos al encuentro del niño como maestro o como miembros de la generación anterior, la confianza en el hombre ha de tomar otro cariz. El niño entra en la existencia terrenal, procedente de una existencia preterrenal anímico-espiritual, que se va revelando de día en día, en su penetración de lo físico, como palpitación de lo que podemos llamar lo Divino, en la acepción moderna del término.

Necesitamos nuevamente de lo Divino gracias a lo cual el hombre ha quedado encaminado de la existencia preterrena al presente, así como, durante la existencia terrenal, su corporalidad terrenal le está conduciendo adelante. En la esfera de lo ético, hablamos de confianza en los hombres; pero tan pronto como hablemos de lo ético que, concretamente, late en la educación y la enseñanza, hemos de especializarlo y decir: ante el niño que nos ha sido mandado por las potencias divino-espirituales y al que nos enfrentamos para resolverle sus enigmas, actuamos con confianza en Dios: ante el niño, nuestra confianza en el hombre se transforma en confianza en Dios, Y en futuros ciclos de la humanidad, aquello que, de manera neutralizada, actúa de hombre a hombre, adoptará por sí mismo un matiz religioso, cuando se refiera al niño o, en general, al hombre en cierne todavía necesitado de guía para adaptarse al mundo. He ahí donde, en la existencia terrenal, la moralidad del maestro ha de retrotraerse a una religiosidad que se despliegue en la vida cotidiana. Con toda razón podemos afirmar que, en tiempos antiguos, toda moralidad no era sino caso especial de vida religiosa, pues en los mandamientos religiosos se hallaban implícitos, al mismo tiempo, los morales.

En esta forma, la humanidad ha pasado por la época de la abstracción y ahora le incumbe volver a entrar en la de la concreción, sentir que, en determinado momento, lo ético-moral se convierte en lo religioso. A semejante conversión en lo religioso habrán de configurarse, en el porvenir, los actos ético-morales educativos y docentes. La pedagogía no es, amigos míos, mero arte técnico, sino esencialmente capítulo especial de la acción ética del hombre. Y solo será pedagogo en la forma debida, quien derive la pedagogía de la moralidad, de la ética.

Lo que he descrito como particular matiz religioso de la moralidad, recibe, en el fondo, su debido colorido si uno se dice a sí mismo: la vida se yergue ante nosotros misteriosamente. Y encontramos la solución al misterio si buscamos la respuesta en la condición íntima del hombre; ahí se encuentra. Pero el educador se halla ante la necesidad de trabajar, continuamente y de manera vívida, en la solución del misterio. Si, de esta manera, uno aprende a sentir que *toda* práctica educativa y docente es permanente búsqueda de la solución del misterio del universo, uno se ubica en el mundo en actitud radicalmente distinta a cuando es únicamente el cerebro el que busca la solución.

Sea cual sea el particular sentido de pedagogía con el que hayan venido a estas reuniones, es importante que, al separarnos, se lleven consigo, sintiéndola, esa particular característica de la pedagogía. Este nuevo sentido les permitirá ubicarse en el mundo, no tan solo contemplándolo desde uno de sus lados, y preguntándose: ¿cuál ha sido la tragedia de la juventud al tener que adaptarse a los cánones de la vieja generación? sino que mirando hacia el futuro, se preguntarán asimismo: ¿cuáles son las fuerzas vivas que he de desplegar dentro de mí para tener la certera visión de los que siguen? Pues ellos, a su vez, mirarán atrás a quienes les hayan precedido. Todo lo que, en una u otra forma, es Movimiento Juvenil, si enfoca la vida con plena responsabilidad, habrá de tener la cabeza de Jano; tener en cuenta no solamente las exigencias que se plantean ante los mayores, sino también las exigencias, confusas todavía, que arremeten hacia nosotros con potencia gigantesca, y que nos planteará, un día, la juventud venidera. No basta con oponerse a los viejos; hay que mirar creativamente hacia el futuro: he ahí el auténtico lema del verdadero Movimiento Juvenil. Quizá la oposición haya sido un impulso inicial de entusiasmo; pero la potencia efectiva no se logrará sino mediante la voluntad creadora, que plasme el ciclo actual de la humanidad.

# Séptima Conferencia

*Stuttgart, 9 de octubre de 1922*

Ayer traté de sugerir que el ansia que, hoy día, late en muchos jóvenes, muestra una especie de cabeza de Jano. En un principio, parecía que esa ansia se hallaba impregnada de cierto entusiasmo, fruto de la oposición. Sin embargo, por mucho que, en la juventud de principios de nuestro siglo, esa actitud opositora parezca vibrante de actualidad, nos damos cuenta, de poseer fina sensibilidad por lo que palpita en ella, que, hoy día, ya la oposición no subsiste en plena medida. Aunque quizá se admita serenamente esta mengua entre muchos grupos, particularmente entre la propia juventud, no obstante, creo que con ella algo muy importante queda señalado.

La generación que vivía el trance histórico de principios del siglo XX, y sentía, en toda su humana profundidad, aquel "hallarse ante la nada", fue realmente algo del todo nuevo en la historia. La situación ha cambiado actualmente: ese hondo sentimiento se enfrenta con ciertos desengaños, surgidos de sus propios subsuelos. Ya no se observan hoy las velas turgentes que ondeaban hace veinte años, y no es tan solo el horrible evento de la llamada Guerra Mundial el que les ha hecho perder ímpetu: también en la propia juventud han surgido nuevas vivencias internas que han modificado esencialmente aquella sensación original. Un rasgo se destacaba con toda vehemencia, a principios del siglo, en las sensaciones que salían al encuentro de los individuos que, si bien con más años, no habían internamente envejecido; y aunque no se enunciara con palabras definidas, vibraba en las manifestaciones de la juventud cual leve alusión lo que yo quisiera llamar "cansancio opuesto".

Aquí introduzco un concepto que pretende designar con precisión algo que es difícil precisar, entre otras causas por la razón de que, a lo que propiamente aludo, sea quizá plenamente inteligible tan solo para quienes hayan vivido el Movimiento Juvenil con cierta vigilia, en tanto que la mayoría lo vivió, no en estado de vigilia, sino de sueño. Si uno se refiere a los temas que traté en días pasados, no cabe duda que, para muchos, será algo totalmente ajeno, algo que, en el fondo, ha subsistido con ellos en estado de dormidos, y frente a lo cual todavía se comportan somnolientamente.

Dije: cansancio opuesto. En la vida ordinaria pertenece a la existencia orgánica no solamente la agilidad, sino también, como factor igualmente necesario, la fatiga al final de la jornada: no solo hay que poder cansarse, sino también llevarse consigo, de vez en cuando, ese cansancio. Sin duda, no es saludable que pasemos nuestro día de manera que, de noche, nos dormimos tan solo porque es costumbre acostarse. Eso, sin duda, es menos saludable que cuando alcanzamos la medida justa del cansancio, cansancio que nos impulse de manera normal hacia el estado de sueño. Es, pues, necesario poder estar cansado ante los fenómenos que la vida nos ofrece.

A menudo he oído, en discusiones sobre temas pedagógicos, que se necesitaría una pedagogía que convirtiera el aprendizaje en juego, y que el niño necesita pura alegría en la escuela. Quienes así hablan, deberían hacer el intento de lograr una vez siquiera, que los niños experimenten pura alegría en la escuela, que constantemente se rían, que el aprendizaje les sea juego y que, no obstante, aprendan algo. Esa recomendación sería, de verdad, la mejor para lograr radicalmente el que no se aprendiera nada.

Lo correcto es que el educador sea capaz de tratar incluso aquello que *no* le cause alegría al niño, que quizá le provoque graves esfuerzos y dolores, de manera tal que el educando se someta a ello de modo natural. Fácil es indicar qué es lo que ha de inculcarse al niño: pero con el "apren-der jugando", se le puede echar a perder toda su niñez: es necesario que haya actividades que le produzcan también cansancio psíquico, que le generen fatiga. He de expresar-me así, aunque suene a pedante. También en los lejanos tiempos en los que los jóvenes se afanaban por encumbrar-se a ciertos saberes y conocimientos personalizados en se-res vivos, es decir, en los tiempos en que los sabedores se erguían como ideal hecho carne ante los jóvenes ansiosos de aprendizaje, también en aquellos tiempos, había fatiga.

No sé, amigos míos, si entre ustedes hay algunos es-cépticos ante esta afirmación: lo que sí puedo decir es que, hoy día, son muchas las personas que la acompañarían con cierto escepticismo. Mi declaración de que hubo un tiem-po en que los sabios se erguían como ideal personificado ante los deseosos de aprendizaje, puede parecerles a mu-chos una idea imposible de realizar. En efecto, en la actua-lidad es casi inconcebible elevar la mirada hacia alguien como representación de conocimiento y saber, y afanarse en pos de él como si fuera un ideal personal. No obstante, todavía en las postrimerías de la Edad Media, subsistía ese sentimiento en elevada medida, y no digamos en tiempos anteriores. En la actualidad, se han virtualmente perdido aquellos maravillosos y entusiasmados sentimientos de veneración que saturaban el alma de genuinas energías de regeneración, y que incluso existían todavía en la tardía Edad Media. Por carecer del afán que, en tiempos pasados, incitaba a los hombres en su búsqueda de la ciencia, la ju-ventud ya ni siquiera puede fatigarse correctamente con el estudio. Puntualizo: paulatinamente, la ciencia se había convertido en algo que no vivía en los cerebros humanos, sino que se almacenaba en las bibliotecas; algo que, en ri-gor, nadie deseaba poseer; y así ya no se producía fatiga. Por no sentirse saturado del afán por la ciencia, ya no se cansaba uno en su búsqueda: faltaba la posibilidad de can-sarse en la adquisición del conocimiento.

Así, lo que latía en la juventud a la vuelta del siglo XIX al XX, asumió un carácter muy peculiar: el propio de la fuerza vital de un individuo que de noche se acuesta sin estar cansado. Y se revuelca en la cama sin saber por qué. Con estas palabras no pretendo afirmar que sean malsanas las energías del individuo que, de noche, se mueve en la cama sin estar cansado: son energías vitales perfectamente sanas, solo que no de acuerdo con la situación. He ahí, más o menos, lo que predominaba en las energías de la juventud a la vuelta del siglo XIX al XX: ya no existía en ella el afán de fatiga en lucha con la ideología de la generación anterior. Mas por no ser posible que existan energías en reposo, podía observarse en esas décadas una pleamar de ellas añorando entrar en acción, incluso en la juventud universitaria, sin encontrar la línea directriz que las encauzara.

Y es que, desde el primer tercio del siglo XV, y bajo el impulso de la nueva intelectualidad, todo atan de conocimiento asumió definido carácter: el hombre siente que ha de entregarse a algo que se llama ciencia, pero que, en realidad, le deja sin cuidado y no le atañe. Hoy día, ya no es posible evocar emotivamente la cualidad humana que latía en los escritos del siglo XII o XIII, sin que, por eso, yo me incline a abogar por el retorno a creer en lo que ellos contienen; de ninguna manera queremos acceder a las exigencias de ciertas Iglesias que van en esa dirección.

Sin duda, es absolutamente imposible ahondar, por ejemplo, en lo que *Alberto Magno*[30] escribió en su época, si lo estudiamos con el mismo grado de fría indiferencia con que, hoy día, uno se adentra en las explicaciones de una obra biológica. Para captar su mensaje, hay que tomar el libro en la mano y sentirse sentado junto a él en propia intimidad anímica vibrando con el tema, como si se estuviera sentado junto a otra persona, en cuyo caso tampoco

---

[30] *Albertus Magnus*, 1193-1280, llamado Doctor universalis. Principal representante del aristotelismo entre los escolásticos del siglo XIII.

se acepta con indiferencia lo que ella dice. Aun cuando se lea el capítulo más árido de aquella época, por ejemplo, uno de Alberto Magno, en esa actitud hay participación emotiva. Y todo ello sin tener en cuenta que, en esas obras, incluso los asuntos aparentemente más abstractos se presentan todavía con el poder de la expresión pictórica, y que el lector, incluso al tratar de las ideas más generales, se halla en estado de actividad –al nivel psíquico, desde luego– como si trabajara con la pala. Además de la bella agilidad humana en la que uno entra en esa lectura, su cualidad gráfica logra que el cognoscente se una confiadamente con el contenido de lo que lee.

De ninguna manera era indiferente para los lectores de aquellos tiempos encontrar en la búsqueda algo de lo que creían pudiera agradarle a Dios, o desagradarle. Y quien se detiene en la diferencia entre la estampa que ofrece Alberto Magno como el gran cognoscente de la Edad Media, y una de las excelsas inteligencias que produjo el siglo XIX, por ejemplo *Herbart*[31] (podría mencionar algún otro, pero Herbart tuvo gran influencia hasta el último tercio del siglo XIX), percibe que Alberto Magno era como una nube encendida. Cuando él se entrega a la cognición, es como si algo refulgiera o agonizara: se le siente como rodeado de ardiente brillo, y si uno posee la facultad de sumergirse en un autor como éste, poco a poco se introduce en el fuego que de él emana. Aunque sea anticuado para la mente moderna, si nos detenemos ante la obra de Alberto Magno, sentimos que no es indiferente el que, al ahondar en lo ético, ya sea escribiéndolo, pronunciándolo, o meditándolo, nos granjeemos la simpatía o la antipatía de un ser divino-espiritual. Y ese sentimiento de participación en simpatía o antipatía acompaña todo el proceso.

En cambio, si uno penetra en el estilo con que Herbart, con objetividad científica, diserta sobre las cinco ideas éticas: li-

---

[31] *Johann Friedrich Herbart*, 1776-1841, filósofo y pedagogo.

bertad interna, perfección, benevolencia, justicia, recompensa, uno no siente que ninguna nube de calor o frío le cobije: el lector vive una atmósfera glacial. He ahí precisamente el estado de ánimo que se ha infiltrado en todo el quehacer cognoscitivo. Y cuya culminación se sitúa al final del siglo XIX.

Así, poco a poco, todo afán cognoscitivo fue adoptando un cariz incluso manifiesto en lo externo: el único lugar para encontrarse con la personalidad del cognoscente era la cátedra. No sé si otras personas de mi edad han tenido experiencias similares a la mía: en los años 90 del siglo pasado tuve repetidos motivos para terribles sinsabores: en contacto con toda clase de sociedades culturales, y sintiendo la necesidad de que esos contactos me produjeran satisfacciones al ofrecerme la oportunidad de hablar de tal o cual tema, por ejemplo el de la diferencia entre epigénesis[32] y evolución, tan pronto como empezaba mi disertación, se levantaban voces diciendo: "nada de jerigonza, por favor". Se consideraba de mal gusto hablar de algo que entonces se calificaba de jerga profesional. El cognoscente tenía derecho a explicar su materia en la cátedra, pero, al descender de ella, su personalidad había de ser distinta: podía hablar de todo, menos de su especialidad. Sintetizando: el quehacer científico se había hecho tan objetivo, que los que tenían alguna especialidad, se veían obligados a enfocarla con toda objetividad, al margen de lo humano, humanidad que recobraban cuando no necesitaban tratar de su materia. Con esto, podemos asociar otros sentimientos todavía. Lo expuesto es tan solo a título de ilustración; voy a destacar la médula del asunto aún de otra manera.

El maestro dispone de varias técnicas para transmitir a la juventud lo que él más o menos ha aprendido. Vemos, por ejemplo, al maestro que, deseoso de transmitir algo a

---

[32] Epigénesis: Desarrollo de un organismo a través de una cadena de nuevas formaciones. En mineralogía, expresión para designar los minerales que se han formado posteriormente en otra roca.

sus alumnos, se encuentra ante una clase con una libreta de apuntes, o con un libro que no es obra suya, y en base al cual enseña despreocupadamente. Quien así lo hace presupone, desde luego, que, al lado de sus palabras, no existe ninguna realidad suprasensible. ¿Qué es lo que me autoriza a hablar así? Recurro a Nietzsche, con uno de sus luminosos atisbos, uno de los muchos que ha tenido. Llamó la atención sobre el hecho de que en cada hombre se halla inserto otro distinto, afirmación que se acepta como giro poético, aunque no lo es: ¡en cada hombre se halla hundido otro hombre!, ese otro que, a menudo, es mucho más inteligente que el manifiesto. Este es, particularmente, el caso del niño, en el que late otro hombre infinitamente más sabio que él; es una realidad suprasensible aposentada en el hombre. Sentado el maestro ante su grupo de, digamos, 30 alumnos y enseñándoles con ayuda de un libro o de una libreta, quizá logre adiestrar al hombre manifiesto de esos treinta alumnos a que acepte su procedimiento como algo natural. En cambio, los treinta hombres ocultos que el maestro tiene ante sí, juzgarán su enseñanza en forma distinta; de ello podemos estar seguros. El hombre oculto dirá: "ese maestro quiere inculcarme algo que él mismo ignora, y por eso ha de leérmelo; yo quisiera saber por qué yo he de saber lo que él en este momento desconoce; él mismo no lo sabe; de lo contrario, no estaría ante mí con un libro. Yo que soy tan joven, ¿por qué he de saber lo que él, mucho mayor que yo, no sabe y me lo transmite a través de la lectura?

Así es como hay que enfocarlo todo en forma concreta: tener en cuenta realidades suprasensibles, no es referirse a un misticismo fantástico, ni a cosas "ocultas" –y utilizo la palabra así, entre comillas–; significa hablar de aquello que, frente a la vida real, constituyen realidades efectivas, Hablamos, pues, de realidades efectivas, cuando nos hacemos eco del sentir de los treinta seres invisibles que laten en las treinta personas visibles que contempla el maestro. A esos visibles les da pena, quizá por pura obediencia, expresar de viva voz el pensamiento de los invisibles. Mas, ausente del aula y reflexionando sobre el asunto, ya no parece tan tonto: se reconocen perfectamente inteligentes las declaraciones de los treinta seres suprasensibles.

El maestro o educador ha de tener presente que en la individualidad del educando tienen lugar procesos escondidos a la percepción exterior. Y así nace la profunda aversión del estudiante contra todo lo que se le acerca de esta manera. No es posible tener confianza en un hombre que le sale al encuentro con base en una empresa científica de tan consumada objetividad como la corriente a finales del siglo XIX. Así surgió de su interior una profunda antipatía. El joven no se sintió dispuesto a lanzarse a la vida con el bagaje que le ofreció el maestro. ¿Para qué cargarlo? Esquivó aquello que hubiera podido producirle cansancio, quedando sin objetivo las energía sobrantes,

Esta clase de individuos, los que integraban el Movimiento Juvenil a la vuelta del siglo, podían encontrarse también en otros sectores; a menudo, ya no como jóvenes físicamente, sino, por lo contrario, bastante viejos. Podía encontrárseles todavía en instituciones como la teosófica, donde muchas personas ya entradas en años se enfrentaban con el producto del trajín intelectual contemporáneo, en actitud similar a la de la juventud; repudiaban los conocimientos contemporáneos, porque no les ofrecían oportunidad para cansarse al entrar en contacto con ellos. En tanto que los jóvenes, por esa no deseada "infatigabilidad", se veían arrastrados al alboroto, ciertos teósofos buscaban en su Teosofía un hipnótico, una especie de opio; lo que se halla en los libros teosóficos, en gran parte es hipnótico, que arrulla el alma. Sin duda, había actividad para la mente, pero ¿en qué forma? Inventando las más descabelladas alegorías. Así, para el alma humana de gran sensibilidad era exasperante tener que escuchar todo lo que esa gente inventaba en interpretaciones de los antiguos mitos o leyendas, todo lo que se alambicaba en materia de alegorías y de símbolos: desde el punto de vista psicológicobiológico son puros hipnóticos. Sería provechoso estudiar el paralelismo entre la manera de moverse en la cama después de un día carente de fatiga, y la de paralizar la verdadera movilidad mental mediante algún hipnótico.

Lo que estoy describiendo no son teorías, sino estados de ánimo de la época, y para adentrarse a fondo en ellos hay que contemplarlos desde los más diversos ángulos. Particularmente significativa es la peculiaridad de no poder fatigarse a la vuelta del siglo XIX al XX, lo que condujo a un desconcierto general; ya que la evolución humana había llegado al punto en que el único logro concreto era poder reiterar con gran entusiasmo: "no queremos que nada se nos acerque desde afuera: queremos desarrollarlo todo desde nuestro propio interior; queremos deambular por el mundo y esperar a que salga de nuestra propia intimidad lo que ya no pueden ofrecernos padres y maestros, como tampoco las antiguas tradiciones; aguardemos la llegada de lo nuevo". Amigos míos, pregúntenles a muchos de los que así hablaban, si lo nuevo realmente les llegó, y si realmente a los que habían desarrollado esa profunda añoranza, les volaron a la boca los pichones fritos de la gran redención del mundo. Al contrario: en muchos aspectos ya podemos afirmar que a la arrobadora embriaguez de aquellos tiempos empieza a seguirle algo así como una pequeña amargura, a veces, incluso gran amargura. Y conste que solo quiero caracterizar, no criticar. Lo primero que se presentó fue un gran rechazo de lo existente, ya considerado inútil para la propia intimidad humana; tras ese gran rechazo se ocultaba lo positivo, es decir, la verdadera añoranza por lo nuevo.

Esta genuina añoranza no puede satisfacerse sino dejándose penetrar de algo que no es terreno. Si simplemente se deja que el alma y el cuerpo funcionen tal como tienden a hacerlo espontáneamente, no existe verdadera satisfacción para el hombre. El ser humano que no quiere absorber nada es como un pulmón que no encuentra aire para respirar. Ciertamente, un pulmón que no encuentra aire para respirar puede primero, antes de morir, aunque sea por un momento, experimentar la mayor sed de aire. Pero el pulmón no puede por sí solo saciar esta sed de aire; tiene que permitir que le llegue el aire. En realidad, precisamente el joven que, con sinceridad, siente la sed de que hemos hablado en estos días, no puede sino añorar algo que a él se asocie, algo que no simplemente brote de él mismo de manera análoga a como tampoco la ciencia anticuada ya no es saludable aire de respiración para el alma.

He ahí lo que, en un principio, se sentía, pero no con suficiente intensidad: la necesidad de que hubiera una nueva ciencia joven, una vida espiritual, que pudiera de nuevo unirse con el alma, En muchos aspectos, lo que pertenece a la época presente y venidera ha de vincularse a fenómenos más antiguos de la evolución humana. La diferencia consiste tan solo en que esos fenómenos anteriores surgieron de una vida anímica que vivía en imágenes y que estaba soñolienta, en tanto que la vida anímica que llevamos en germen dentro de nosotros, y en pos de la cual nos afanamos, habrá de ser pleniconsciente. Pero como quiera que sea, en muchos aspectos hemos de retrotraernos a pretéritos contenidos anímicos.

A propósito de esto, permítanme dirigir su atención a una condición mental generalizada en el antiguo *Brahmanismo* oriental. En las escuelas de los brahmanes, se señalaban los cuatro métodos a través de los cuales el hombre adquiere conocimientos durante su jornada terrenal. Es difícil hacer asequibles esos antiguos preceptos en la forma exigida por el hecho de que nos separan, no siglos, sino milenios de aquel sistema de conocer; no obstante, haré el intento, aunque sea aproximado, de descubrir dichos cuatro métodos cognoscitivos.

El primero es algo que flota entre la tradición y el recuerdo, algo que se relaciona con la raíz sánscrita *s-mr-ti* (*s-mr-ti*: Tradición, Recuerdo), y que en la actualidad existe tan solo como idea. ¿Qué es ese algo? Todos sabemos lo que es el recuerdo personal. Entonces los brahmanes no se vinculaban a la idea a que me refiero con la misma intensidad con que nosotros asociamos ciertos conceptos con el recuerdo personal; más bien, lo que ellos recordaban de su propia niñez confluía en unidad con lo que les había dicho el padre o el abuelo, es decir, no distinguían entre lo que recordaban y lo que habían recibido como tradición. Si tuviéramos una psicología más refinada, notaríamos que en el alma del niño, esas dos corrientes continúan confluyendo hasta nuestros días, porque admite mucho de lo que se basa en la tradición. El adulto de hoy solo sabe que se trata de algo que él se ha apropiado desde niño, sin recordar cómo; en tanto que el antiguo brahmán ponía más atención en el contenido, enfoque que le conducía no hacia su propia infancia, sino, en ascenso, hacia su padre, abuelo, bisabuelo. Así, la tradición y el recuerdo personal se entrefluían sin distinguirse. He ahí el primer método cognoscitivo.

El segundo podría llamarse "acto de presentación", pero no es la presentación característica de hoy, cuando en el trato convencional uno da su nombre, sino, literalmente, el "presentarse o colocarse ante la mirada de otro": es decir, lo que hoy llamamos percepción.

El tercer método cognoscitivo podemos llamarlo el pensamiento sintético.

Tenemos, pues, recuerdo con tradición, observación y pensar sintético. Queda todavía un cuarto método cognoscitivo, que los antiguos brahmanes enseñaban con toda precisión: recibir algo procedente de otra persona. Deténganse, por favor, en que el antiguo Brahmanismo no confundía la tradición con ese "recibir algo procedente de otra persona", el cuarto método de conocer. Relacionémonos, para mayor claridad, precisamente con algo que es tradición y, al mismo tiempo, recuerdo: en la llamada tradición, uno no se hacía consciente de la manera en que ella se le acercaba, sino tan solo de su contenido; en cambio, en el cuarto método lo más importante era el cómo se le acercaba. Cuando estos contenidos se incorporaban al recuerdo, el individuo tenía consciencia de que se trataba de algo que otro le había transmitido. El hecho de haber recibido algo procedente de otra persona ejercía efecto estimulante sobre el mismo acto de conocer.

Me temo que, entre muchas personas de la época actual, particularmente entre los auténticos hijos del siglo XIX, surja mucho excepticismo, leve o recio, si se incluye entre los métodos cognoscitivos la "comunicación procedente de otras personas". En efecto, el filósofo que manejara el pensar sintético y aceptara la "comunicación procedente de otras personas" como método, no aprobaría su tesis doctoral, y jamás podría aspirar a conseguir cátedra, con excepción, si acaso, de la Facultad de Teología, donde se reconoce el valor de esa transmisión, si bien en forma distinta. ¿Qué es lo que subyace en ello? Que en los antiguos tiempos se percibía todavía la índole de la experiencia que consiste en que otra persona, en el trato mutuo, ha prendido algo en nuestro interior. Se consideraba vital lo que los demás le decían a uno y que uno mismo ignoraba; y esto se aceptaba como necesidad vital con tanta categoría que se equiparaba a las percepciones visuales o educativas.

Hoy se tiene más bien un sentimiento distinto: se acepta que uno comunique a otro lo que éste ignora; pero eso nada tiene que ver con la esencia del proceso cognoscitivo. Lo fundamental para el hombre de hoy es la observación y el experimento, tras lo cual siguen, en palabras claras, los resultados; la peculiar modalidad de comunicación nada tiene que ver con la cognición. He ahí el sentimiento natural de nuestra época, algo no correcto desde el punto de vista humano. Lo correcto, lo esencial, es que precisamente en el área anímico-espiritual pueda uno estar íntimamente compenetrado con lo que ayer llamé el vehículo de la vida social: la confianza. En esta área específica, la confianza significa que la comunicación procedente de otro hombre, se acepta como fuente de la propia vivencia anímico-espiritual.

Lo que ayer caractericé como confianza es lo que hay que cultivar, ante todo, entre la juventud. Con base en ella, hay que encontrar aquello de lo que la juventud está sedienta. En cambio, toda la evolución espiritual moderna se ha movido en sentido contrario. Ni siquiera la pedagogía teórica atribuye valor alguno a que alguien transmita su conocimiento al que lo ignora; incluso esa pedagogía concibió que, de ser posible, las enseñanzas que se inculcaran a los jóvenes fueran evidentes por sí mismas, sin que nada significara el aval del maestro. Sin duda, esas autoevidencias no podían ser pruebas muy convincentes; de ahí que permaneciera a nivel bastante infantil su virtud probatoria. La pedagogía procedía con el enfoque: ¿cómo inculcar a los niños algo, incluso suponiendo que ellos no crean en mis palabras? ¿Cómo introducir un método probatorio autoevidente? No es de extrañar que el eco correspondiente no tardara en presentarse, y que luego se les exigiera a los pedagogos para cualquier bagatela: pruébamelo. Lo que ahora les voy a decir, quizá suene anticuado, amigos míos, pero yo no lo considero anticuado, sino al contrario muy joven, algo presente también en el Movimiento Juvenil.

Si, hoy día, pretendemos educar y nos encontramos ante un número de jóvenes, nos sale al encuentro, procedente del alma juvenil, desde antes de haber establecido contacto con ellos, la demanda: "Pruébamelo, no tienes derecho a exigirnos que te creamos". Considero trágico que la juventud sufra –y no lo digo en tono crítico– las consecuencias derivadas de que los mayores la hayan educado de modo que ya no tiene la capacidad de recibir lo que, después de todo, será necesario para su vida. Esto implica el que se yerga ante nosotros una tremenda pregunta, y que nos ocupará en los próximos días, pero que necesito caracterizar ahora en términos un poco radicales.

Imaginemos que el Movimiento Juvenil progresa en el sentido de abarcar individuos cada vez más jóvenes, hasta llegar al bebé. Tendremos entonces el Movimiento Juvenil de Lactantes; y así como el actual Movimiento Juvenil rechaza lo que los mayores pueden transmitirle, del mismo modo los lactantes que todavía debieran recibir el pecho de la madre, podrán exclamar: "lo rechazamos; protestamos contra lo que hayamos de recibir desde fuera. Ya no queremos pecho de la madre; solo aquello que de nosotros mismos nazca".

Lo que trazo en forma de imagen es una candente pregunta para el Movimiento Juvenil. Porque, en el fondo, la pregunta de la juventud es: ¿de dónde hemos de recibir nuestro sustento espiritual? y la manera en que, hasta ahora, ella ha formulado esta pregunta, corresponde a mi imagen del lactante. Así, pues, en los próximos días acometeremos la pregunta por las fuentes de la vida a las que aspira Fausto. La pregunta que coloqué ante vosotros como imagen motivará quizá algunos elementos que contribuyan a una solución que satisfaga vuestro sentimiento, vuestra intuición, quizá vuestra vida entera.

# Octava Conferencia

*Stuttgart, 10 de octubre de 1922*

En las conferencias anteriores tratamos de caracterizar, en su aspecto externo, las vivencias del hombre en ciernes a la vuelta del siglo XIX al XX, con cuyo objeto quedó enfocada la peculiar modalidad que había adoptado la cultura espiritual humana. Para encontrar la transición al genuino autoconocimiento, contemplemos hoy la naturaleza humana en su aspecto interno.

Así como, para el estudio más bien externo de la evolución espiritual de Occidente, tuvimos que retrotraernos al primer tercio del siglo XV, del mismo modo, para un estudio más bien interno, hemos de retroceder al siglo IV de nuestra era. Como efemérides clave se insinúa el año 333, desde luego no en sentido astronómico riguroso, sino como punto aproximado, señal de importantes eventos que le sucedieron a una considerable parte de la población europea.

¿Qué configuración tenía el alma incorporada antes de la mencionada fecha a la civilización que, en aquel entonces, florecía en el Sur de Europa, y quizá también en aisladas regiones del Norte de África? En esas regiones tenemos que concentrar nuestra preferente atención, si pretendemos conocer la vida espiritual dominante en aquella época. Prevalecía en ellas todavía la conciencia inmediata del hecho de que el pensamiento humano no es elaboración del cerebro, sino revelación, ya sea recibida por el hombre individual directamente, ya sea que, incapaz de ello, la recibiera indirectamente a través de otras personas, con base en la confianza. Entonces no existía todavía la idea terminante, que hoy domina por igual a académicos como a no-académicos, de que los pensamientos son algo que uno mismo elabora en el propio cerebro: en realidad, se estaba en el punto de transición. En el Asia Menor, los personajes espirituales más prominentes discurrían cómo los pensamientos descendían del reino espiritual a los hombres. En el Sur de Europa y en el Norte de África, se empezó a dudar de que el hombre tuviera la facultad de recibir los pensamientos por medio de la revelación. He de insistir, sin embargo, en que esas dudas apenas se insinuaban. Y que todavía predominaba el sentimiento: si tengo un pensamiento, es que Dios me lo ha inspirado, aunque sea por un camino indirecto como, por ejemplo, el de la transmisión humana o la tradición. Y no por herencia natural. Sólo en forma de revelación puede el pensamiento introducirse en la evolución terrena.

Los primeros participantes de la cultura de Occidente que abrigaban serias dudas en esa dirección eran personas de extracción nórdica, de sangre germano-celta que, en las diversas corrientes de la migración de los pueblos, se habían introducido en las culturas mediterráneas; no es imposible que ellos mismos, en virtud de su propia mentalidad, ya hubieran llegado a afirmar: los pensamientos son algo que nosotros mismos elaboramos. Esta intuición, sin embargo, quedó amortiguada por la cultura greco-latina y oriental con que ellos se toparon. Hasta el siglo IV, las culturas eran sumamente heterogéneas. Y en ellas intervenían los más diversos factores. De todas maneras, en su migración, los nórdicos sentían intensamente que, en el Sur, se impartía una educación que proporcionaba la creencia: el hombre solo puede concebir los pensamientos, gracias a que los atrae en descenso de un mundo suprasensible al suyo, el sensible.

Poseemos tan solo una historiografía externa; ninguna historia de sentimientos o pensamientos; ninguna psico-historia. De ahí que no nos percatemos de que la condición psíquica de la humanidad ha cambiado radicalmente a través de los siglos sucesivos. Y de que es particularmente imponente su viraje precisamente en el siglo IV d. C. Fue entonces, por primerísima vez, cuando la gente empezó a reflexionar sobre el origen del mundo mental, de modo que lo anteriormente sobreentendido, es decir, que los pensamientos eran revelados, fue convirtiéndose en hipótesis necesitada de una teoría que lo justificara. Con todo, esas almas todavía no comulgaban con una doctrina según la cual el hombre elabora los pensamientos en su propio interior.

Deténganse en la gran diferencia que existe entre la época actual y la de entonces, limitando el enfoque a una minoría selecta. Lo que les describo existía con toda clase de matices: una parte de la humanidad, viviendo la situación tal como ahora les estoy describiendo; otra, persistiendo en la fe invicta e intensa de que una entidad anímico-espiritual se aposentaba en ella, y le transmitía sus pensamientos. Fue, pudiéramos decir, una especie de élite la que, en aquellos tiempos, ya concebía las ideas de tal manera que surgió la pregunta: ¿de dónde proceden los pensamientos?, en tanto que para los demás seguían siendo de inspiración natural.

Veamos ahora las almas nacidas después del año 333, dato aproximado. Ellas ya no podían inclinarse por una explicación natural sobre el origen del pensamiento, con base en un sentimiento natural. De ahí que en los siglos siguientes surgiera la constante pugna por aclarar la función de los pensamientos en el mundo, entre teóricos, filósofos y teólogos, hasta culminar en la etapa en que se inclinaban por el nominalismo o el realismo. En la Edad Media, los nominalistas eran los que decían: "Naturalmente, los pensamientos existen tan solo en la individualidad humana; no son sino síntesis de lo que existe ahí fuera en el mundo y en los individuos singulares". En cambio, los realistas poseían todavía un vigoroso recuerdo de los tiempos antiguos en los que los hombres consideraban los pensamientos como algo substancial, algo substancialmente revelado. Decían los realistas: "No soy yo quien piensa el pensamiento; no soy quien sintetiza a todos los perros en el pensamiento genérico "perro", sino que efectivamente existe ese pensamiento que se le revela al hombre desde el mundo espiritual, igual que el color o el sonido se manifiestan para los sentidos". Siempre fue un forcejeo la correcta comprensión del pensamiento que se había aposentado en el alma humana como posesión autónoma. Precisamente desde este punto de vista, es de sumo interés ahondar la historia espiritual de la Edad Media.

Cuanto más se avanza hacia el siglo XV, tanto más arrecia la denodada lucha por llegar a términos con lo que se revela en la naturaleza humana a través del pensar. Antes del año 333, los hombres tenían la sensación: hay un tejer de algo espiritual que ondea en torno a la Tierra, a semejanza de como, a nivel físico, la rodea la atmósfera; y en ese ondear le quedan al hombre, como revelación, los entes que son los pensamientos; huellas, pudiéramos decir, del mundo divino que circunda a la Tierra, grabadas en el hombre. Antes del año 333, el mundo de los pensamientos dotaba, pues, al alma humana de la certidumbre de su conexión con el mundo espiritual, certidumbre que se eclipsó con la entrada en la Edad Media, y así empieza una etapa transida de tragedia, por hallarse los hombres en pos de restablecer el nexo perdido de los pensamientos con lo divino-espiritual.

¿Por qué, hasta entrado el siglo XV, existía en los pensadores un tan intenso afán de vincular el pensamiento con lo divino-espiritual? Porque esas almas sentían un impulso interno, inexpresable en conceptos claros, pero existente como nítida vivencia anímica. El origen de ese impulso era que las almas prominentes nacidas entre los siglos IV y XIV, eran reencarnación de un tiempo más o menos distante, antes del año 333, en tanto que las que ardorosamente argumentaban sobre la realidad o la nominalidad de los conceptos, eran las que, en su vida anterior, fueron contemporáneas con el Misterio del Gólgota.

El Misterio del Gólgota tuvo lugar, rodeado de soledad, allá en el Cercano Oriente; pero es tan solo el aspecto externo, desenvuelto en el mundo físico, de un acontecimiento espiritual. Sucedió entonces algo para las almas que habían alcanzado cierta madurez; en la Edad Media, los verdaderos luchadores en torno a la realidad o irrealidad de los pensamientos son las almas cuya encarnación anterior tuvo lugar en los primeros tres siglos de la era cristiana, en tanto que la mayoría de la humanidad civilizada correspondía entonces a las almas previamente encarnadas en tiempos anteriores al Misterio del Gólgota. A partir de la conexión, muy real en aquellos tiempos, entre el alma humana y el mundo divino-espiritual, conexión patentizada en que los pensamientos se admitían con toda naturalidad como revelados, se plasmó el impulso de discutir por la realidad o irrealidad del mundo mental.

¿Qué es lo que, en los albores de la época moderna, esto es, en los siglos XIII al XV, se consideró como Alta Escolástica? ¿Qué es lo que alentaba en aquellos eruditos escolásticos? El que algo decisivo hubiera sobrevenido en la evolución humana, algo que no se manifestó, pero sí se sintió por las almas prominentes de esa época. Se les antojaba que si los dioses habían abandonado la esfera del mundo de los pensamientos humanos, y como si los hombres ya tan solo poseyeran pensamientos desecados. Si investigamos quiénes vivieron del siglo XV en adelante, vemos que son las almas que, en su vida anterior, habían vivido poco tiempo después del año 333; y hasta los siglos VIII y IX de la era cristiana, por lo menos en la parte docente de la humanidad, perduraba el certero sentimiento de que el pensamiento humano era un don divino. En cambio, los individuos que, ya en su vida terrenal anterior, habían sentido el mundo de los pensamientos como algo abandonado por Dios –insisto en que solo se trata de una parte de la humanidad– tuvieron que renacer a la vuelta del siglo XIX al XX. Si nos detenemos, pues, no solo en el destino externo, sino también en el interno, no hemos de circunscribirnos a lo que, desde nuestra infancia, pugna por surgir del subsuelo del alma humana, sino ahondar en el período en el que las almas encarnadas ya no podían oír decir a sus maestros que los pensamientos eran algo en que tejía y palpitaba la Divinidad. Así surgió el sentimiento interno de rehuir a los pensamientos, como si se necesitara de algo mucho más cálido, algo más saturado de sustancialidad que los pensamientos, sentimiento que, procedente de una encarnación anterior, se debía a que el carácter divino de los pensamientos se había vuelto sumamente dudoso, o se había perdido totalmente. La vivencia trágica de lo que así se proyecta de la vida anterior a la actual, alcanza su máxima intensidad a la vuelta del siglo XIX al XX. El recibir los pensamientos del mundo divino-espiritual es algo ya no existente desde el primer tercio del siglo XV; Y por ser imposible obtener pensamientos de esa divina fuente, se recurrió a los derivados de la observación externa. Esta observación, así como el arte del experimento, alcanzaron su gran perfección debido a que la concepción interna fue sustituida por el contacto con el mundo sensible externo. Sin duda, en el devenir históricouniversal no se pone en evidencia de inmediato aquello que no depende de circunstancias externas; y así, aunque desde el siglo XV se hubiera perdido la facultad de concebir los pensamientos desde dentro, o de recibirlos revelados desde el mundo divino-espiritual, todavía no habían encarnado las almas que hubieran podido sentir toda la tragedia del abandono. En el sentimiento de las almas del siglo XV en adelante, cuya previa vida terrenal había sido antes de los siglos VI Y VII, particularmente antes del siglo IV de la era cristiana, todavía latía algo que podemos expresar con estas palabras: admitamos que recibimos nuestros pensamientos del mundo exterior; no obstante, intuimos que esos pensamientos son dádiva divina, aunque no podemos comprobar directamente su esencia divina.

Uno de los más brillantes espíritus con semejante condición anímica fue Johannes Kepler, investigador que pertenecía, con igual derecho, a la época anterior que a la posterior, pero latía en su fuero interno el certero sentimiento de que los seres divinos participan cuando el hombre recibe de la naturaleza los pensamientos. En el fondo, Kepler se sentía como semi-iniciado, y le era natural meditar con sentido artístico sobre la estructura del edificio universal que él había concebido en forma abstracta.

Es de eminente valor científico ahondar en el progreso del pensamiento humano logrado gracias a Kepler; más emocionante, sin embargo, es ahondar en su vida anímica. En rigor, no se encuentra semejante intensidad e intimidad de la vida psíquica en ningún otro hombre de ciencia de tiempos posteriores, ante todo, en ningún maestro influyente de la mayor parte de la humanidad. Y es que, en el intervalo entre el siglo XV y XIX, se fue perdiendo todo sentido de que, por medio del pensamiento, existe una conexión entre el alma humana y el mundo divino-espiritual.

Quien no se limite a estudiar de manera tosca la cronología histórica, asimilando tan solo el contenido, sino quien sea capaz de estudiarla emotivamente, recibe una revelación sumamente extraña. No quiero hablar ahora de que la peculiar manera en que Goethe discurría en torno a la naturaleza se convirtió en anacronismo para la ciencia de las décadas que le siguieron; es decir, para la ciencia oficial que no sabía siquiera en qué consistía la diferencia entre Goethe y ella misma; no me refiero a eso. Basta con que ustedes consulten libros científicos del primer tercio del siglo XIX que, en cierto modo, marcaron la pauta para fundamentar las tendencias espirituales posteriores como, por ejemplo, las obras fisiológicas de *Henle*[33] o de *Burdach*[34] (este último, en rigor, perteneciente al primer tercio del siglo XIX, aunque su obra se haya escrito un poco después). Y se darán cuenta de que en todos ellos prevalece un estilo distinto: todavía subsisten huellas del espíritu que brota inmediatamente del alma, cuando, por ejemplo, se describe el embrión o la estructura del cerebro humano: hay todavía algo que, en los autores posteriores, se ha perdido completamente.

Aquí conviene evocar el recuerdo de un personaje cuya actividad se extendió hasta el último tercio del siglo XIX, aunque su centro de gravedad se sitúe en el segundo. Me refiero a *Hyrtl*[35], quien había sucumbido a la expulsión de la realidad espiritual de la ciencia, pero en cuya psique, no obstante, latía esa vía espiritual. Traten ustedes, con mentalidad abierta, de recibir una impresión de los libros sobre anatomía de Hyrtl: notarán que fueron escritos enteramente al estilo de los anatomistas posteriores, pero notarán asimismo que ese autor tiene dificultades en someterse a él: escribe capítulo tras capítulo, renunciando a permitir que algo de psíquico se infiltre en sus exposiciones. No obstante, muy de vez en cuando, algo metafísico asoma tímidamente en el estilo, a veces incluso en el texto. Es como si existiera la férrea necesidad de extinguir lo anímico-espiritual que brota en el hombre, cuando trata de escribir sobre los procesos naturales. Hoy día, es difícil imaginar qué emociones invaden la mente del lector que, habiendo leído un libro moderno de anatomía, retrocede a uno de Hyrtl o de Burdach: ante el escaso grado de calor que se desarrolla en la actitud científica de otros autores del siglo XIX, se tiene la impresión, al leer a Hyrtl o a Burdach,

---

[33] Friedrich Gustav Jakob Henle, 1809-1885, anatomista y patólogo..

[34] Karl Friedrich Burdach, 1776-1847, fisiólogo.

[35] Joseph Hyrtl, 1811-1894, Anatom.

que se prende una lumbre. Sin duda, entonces no estaba la ciencia a la altura de hoy: no lo discutamos; me refiero más bien a lo que se *vivencia* en el individuo al contacto con la ciencia. Y entonces cabe decir: el curso interno que tomaron las almas de los hombres de ciencia, pone en evidencia lo ya conocido por la ciencia espiritual, a saber, que, hacia finales del siglo XIX, encarnaron almas que realmente ya no conservan de su vida terrenal anterior el impulso de considerar el pensamiento como elemento divino-espiritual; no conservan de ese elemento ni un eco siquiera. La sensibilidad por la vida anterior propia se había perdido hacía mucho tiempo, pero un eco de ella persistió todavía durante algún tiempo.

Así pues, las almas que realmente tenían en su condición íntima aquella calidez viva, todavía no desecadas por el prejuicio de que en el quehacer científico hay que ser objetivo, en el sentido en que la ciencia suele definir la objetividad –tengamos en cuenta que la ciencia espiritual es aún más objetiva, aunque quizá no en el sentido de la ciencia natural. Esas almas, digo, se hallaban ante el interrogante: ¿qué parte de nosotros está todavía en conexión con lo divino-espiritual del que fuimos arrancadas desde nuestra encarnación terrenal anterior? Como es natural, esa interrogación no se formulaba consciente, sino inconscientemente, pues en la conciencia empezaba a despuntar la sensación de que el hombre había perdido su conexión con aquel mundo. Por otro lado, sin embargo, existe el imperativo de que el hombre *no debe* perderla, ya que, sin esa conciencia, por vaga que sea, le es realmente imposible mantener su vida anímica. He ahí el origen de la fuerte tendencia hacia la añoranza indefinida del espíritu, y, al mismo tiempo, de la impotencia de llegar a él.

Lo característico de la generación de la vuelta del siglo XIX al XX es que, pudiéramos decir, le plantea a la generación anterior la pregunta: ¿existe, en rigor, alguna posibilidad de descubrir todavía algo espiritual en el mundo sensible que nos rodea?; y los líderes a quienes la juventud dirigía aquella pregunta inconsciente: ¿cómo encontramos lo espiritual en la naturaleza y en la propia vida humana? esos líderes rechazaron por anticientífico el introducir el espíritu en el estudio de la naturaleza, e incluso en el de la vida humana.

En la segunda mitad del siglo pasado, se perpetró la monstruosidad de que pudiera surgir el lema: psicología sin psique, estudio del alma sin alma. No quiero poner énfasis en que determinados filósofos postularon una psicología sin psique: lo que ellos dicen no tiene efectividad en sí pero es un síntoma de lo que, cual confusa intuición, considera en amplios círculos, y que caracteriza la relación con la joven generación. Hay que reconocer que no fueron muchos los filósofos que declararon: "necesitamos una psicología sin psique"; mas toda la época insiste: "nosotros, los mayores, queremos enseñaros mineralogía, zoología, botánica, biología, antropología, e incluso historia, en tal forma que, a lo sumo, existan vivencias anímicas, pero ningún alma humana". Así, ante el enfoque científico, el mundo entero produjo la impresión de "desalmado". Y quienes fueron los primeros en traer de su vida terrenal anterior ese sentimiento trágico de "carencia de alma", fueron los que, con mayor insistencia, preguntaban: ¿cómo volver a henchir de espíritu el alma? Mas al dirigirse a quien gozaba de la más alta estima de su época, la ciencia, estima muy justificada en otros aspectos, no recibieron información alguna.

Sin duda, incluso en el último tercio del siglo XIX, constituyen ínfima minoría los autores que han escrito libros en los que pudiera deducirse algo sobre la vida anímica, y puedo asegurarles que, en términos generales, no son ellos los más inteligentes. Entre los que no han escrito libros, los hay bastante más inteligentes que los que se sienten impelidos a producirlos. Con todo, si exploramos con los métodos de la ciencia espiritual el ser recóndito de quienes, en el último tercio del siglo pasado, eran menos superficiales que el resto, satisfechos con la ciencia desespiritualizada, encontramos cierta pugna con profundos problemas. Pero se dejaba de lado a quienes poseían semejante vida íntima; ya no tenían oportunidad de que sobresaliera su peculiar vida anímica y, por tanto, ejerciera alguna influencia.

Entre ellos había muchos que veían avecinarse lo que, en creciente medida, el microscopio arrastraba en la segunda mitad del siglo XIX, almas que participaban de la vida espiritual, pero que ya no eran capaces de realmente penetrar en ella, porque se hallaban perplejas ante la vida espiritual desespiritualizada, y llegaron a enmudecer incluso mentalmente, a capitular ante las concepciones científicas. Pero en lo hondo de su vida emotiva latía la pregunta: ¿cómo conciliar la evolución microscópica con la macroscópica? Más y más, ellas se sentían colocadas ante este problema emotivo.

Luego había quienes, en virtud de la educación que habían recibido, se solidarizaban con la tradición científica desespiritualizada, y esperaban que el perfeccionamiento del microscopio arrojara más y más éxitos científicos. Sin embargo, también había quienes, de inclinación más profunda, veían con desagrado el progresivo desarrollo del microscopio y, sobre todo, las teorías que de él se derivan. Las esperanzas de los primeros culminaban en que, cuanto mejor se explorara lo menudo, tanto mejor se comprendería la vida; los segundos, por el contrario, sentían que todo ello les desviaba de la auténtica comprensión: el manejo del microscopio les causaba la sensación de que extinguía sus energías anímicas. No pretendo cantar, en tono místico fantasioso, una canción satírica sobre el moderno apego al microscopio: sin duda, muy bien reconozco sus méritos, y no pretendo que la ciencia retroceda en ningún sentido. Pero no hemos de cerrarnos a sus efectos sobre la vida anímica.

Esas mentes aisladas fueron siendo cada vez más raras. Una de las últimas fue *Fortlage*[36], profesor en Jena a fines del siglo XIX; más o menos sustentaba: "podemos constantemente perfeccionar nuestro dominio del microscopio y descubrir detalles cada vez más menudos; pero en esa pequeñez se va desvaneciendo la verdad substancial. Si realmente queréis captar lo que hoy pretendéis descubrir con el microscopio, dirigid vuestra mirada hacia el infinito espacio universal: lo que tratáis de desentrañar en lo pequeño, os habla desde las estrellas. En la vida percibís un enigma, y buscáis su solución en lo pequeño, olvidando que en lo minúsculo se pierde la vida, no para la realidad, pero sí para el conocimiento; para encontrarla, contemplad las estrellas."

Es verdad que incluso algunos materialistas sustentaron: "La vida desciende del cosmos", pero buscaron el vehículo material de este descenso, por ejemplo, masas meteóricas que sesgan el espacio universal y que, alguna vez, llevaron a la Tierra gérmenes procedentes de otros mundos. Si desde la Tierra miramos el espacio "infinito", reconocemos que no es infinito. Para la astrofísica, Giordano Bruno abolió el firmamento, mas para la contemplación interna vuelve a estar presente ese firmamento, en sentido de que no puede simplemente trazarse un radio, –trazo que sería sin fin–, desde la Tierra hasta la infinidad. En realidad, sí tiene fin el radio, y hasta donde llega, existe la vida, no la muerte, en toda la periferia universal, vida irradiada por doquier hacia la Tierra.

No pretendo con mis palabras más que sugerir los interrogantes que se planteaban a la emotividad de fines del siglo XIX. Y es que, desde las más brumosas reconditeces del alma, afloraba la pregunta: ¿dónde encontrar de nuevo algo espiritual?

---

[36] Carl Fortlage, 1806-1881, Philosoph .

He ahí lo que habrá de dar la tónica al Movimiento Juvenil, para que tenga un genuino contenido: ¿dónde encuentro lo espiritual?, ¿cómo experimentarlo? No basta que la juventud se quede en añorante expectación; ha de concebir ideales concretos que pujen hacia su realización en la intimidad del alma. A modo de introducción a lo que sobre el particular habré de decirles mañana, quiero agregar ahora la siguiente reflexión:

En lo que llamo Ciencia Espiritual Antroposófica, incluso ya en el prefacio a mi *Filosofía de la Libertad*, podéis encontrar un elemento inaccesible al pensar pasivo tan de moda hoy día, ese pensar al margen de Dios al que se entrega la mayoría, y que estaba al margen de Dios ya en la vida anterior; ese elemento solo podéis captarlo si, en libertad, desarrolláis el impulso interno de introducir actividades en vuestro pensar. No puede el hombre armonizarse con el contenido vivo en la Ciencia Espiritual, si no prende la chispa o el relámpago, gracias al cual el pensar se satura de actividad, esa actividad que habrá de permitirle asimismo reconquistar el carácter divino del pensar.

Ahí está, pues, la literatura antroposófica clamando por un pensar activo. La mayoría solo piensa pasivamente, considerando imposible el pensar activo, en el que no cabe el sueño intelectual. Hay que movilizar el pensar, entrar en el *proceso* del pensamiento. A partir de ese momento, deja de ser sobrenatural lo que yo llamo clarividencia moderna. El que todavía parezca algo muy especial y sobrenatural, se debe a que la gente no quiere desarrollar la energía de activar su pensar. A veces, es exasperante. Cuando a alguien se le exige el pensar activo, sucede, a menudo, que el individuo se siente como aquel que, tirado en la cuneta, no se movía, ni siquiera abría sus párpados. Un transeúnte le preguntó: ¿por qué estás tan triste? y le respondió: "porque no quiero hacer nada". Se sorprendió el transeúnte porque, según todas las apariencias, hacía bastante tiempo que estaba inactivo. Y le dijo el transeúnte: "pero si realmente no estás haciendo nada"; y obtuvo la respuesta: "participo todavía en la rotación de la Tierra, y ni esto quiero hacerlo".

Así se me antojan aquellos que se resisten a introducir actividad en su pensar, la energía que, desde el hombre mismo, puede restablecer la conexión entre el alma humana y el contenido divino-espiritual del mundo. Muchos de vosotros habéis llegado seguramente a desdeñar el pensar, porque solo lo habéis conocido en su modalidad pasiva. Así concebisteis tan solo el pensamiento cerebral, en el que el corazón no participa. ¡Intentad el pensar activo. Y sentiréis cómo ahí queda involucrado el corazón! La forma más intensa de entrar en el mundo espiritual la alcanza el hombre moderno, si logra desarrollar el pensar activo, porque entonces sus pensamientos quedan saturados de energías cordiales.

Si esquiváis buscar el espíritu por el camino del pensamiento, camino que habéis de recorrer, aunque sea difícil, con valentía de corazón, si no buscáis vincularos así con la vida espiritual, esa vida que, desde tiempos primordiales, ha fluido a través de la humanidad, os pareceréis al lactante que cree poder alimentarse por sí mismo, prescindiendo del pecho materno. Para que vuestro Movimiento sea sustancioso, habéis de desarrollar la actividad interna que os permita sorber de la existencia cósmica el legítimo aliento, la legítima bebida espiritual. El desarrollo de esa nueva actividad es, ante todo, un problema de voluntad, si bien con fuerte intervención emotiva. Muchísimo es lo que, hoy día, depende de la buena voluntad, de la voluntad vigorosa; y para realizar lo que el momento nos exige, no sirve ninguna divagación teórica, tan solo la voluntad valerosa y recia.

¿Cómo lograrla? He ahí el tema que nos ocupará en los próximos días.

# Novena Conferencia

*Stuttgart, 11 de octubre de 1922*

Por lo que dijimos ayer a propósito de la transformación del alma humana en el curso de la evolución histórica, han podido darse cuenta de que el hombre actual se encuentra frente al prójimo de manera distinta que antes del año 333.

Supongo que ya conocen la estructura de la entidad humana, como resultado de la investigación antroposófica; saben que en el alma hemos de distinguir entre la llamada alma racional o emotiva, prevaleciente en la naturaleza humana antes del siglo XV, y el alma consciente, activa desde ese siglo, ante todo en los hombres que se esfuerzan por estar a la altura de las conquistas culturales de la humanidad.

Con dar a cierta función del alma el nombre de racional o emotiva, no quiero dar a entender que la razón o inteligencia, tal como hoy la concebimos, sea peculiar desarrollo entre los griegos, donde la razón no era lo mismo que el intelectualismo de hoy. Supongo que mis explicaciones de ayer habrán perfectamente aclarado este punto.

Para los griegos, los conceptos, las ideas, fueron algo dado por el Espíritu. De ahí que la razón, o entendimiento, no era ese algo frío, muerto, seco, que la caracteriza hoy, por ser producto de elaboración propia; lo intelectualista solo ascendió con el particular desarrollo del alma consciente. Sólo pueden ustedes apropiarse correctamente el concepto de alma racional o emotiva, si se proyectan totalmente en el ánimo del griego, y entonces percibirán la diferencia entre la relación que tenía el griego con su mundo, y la que hoy tenemos con el nuestro. A través de nuestra exposición de hoy, se nos aclararán mejor algunos aspectos de ello.

Quise anteponer estas palabras introductorias, para que recordáramos que, en los siglos que precedieron a la era moderna, esto es, los anteriores al XV, toda comunicación entre hombre y hombre tenía lugar al nivel del alma racional o emotiva: uno le hablaba al otro desde su alma racional, y admitía asimismo como manifestación de un alma racional lo que el otro comunicaba. Hoy, en cambio, ante otra persona, topamos con su alma consciente; pero no fue hasta la vuelta del siglo XIX al XX, cuando la joven generación sintió la sacudida producida por este cambio, a consecuencia de todas las condiciones que ya les describí. Con ello, sin embargo, los interrogantes vitales se irguieron ante la humanidad con cariz totalmente nuevo, y se requiere asimismo un nuevo enfoque, pues de no ser así, será imposible encontrar el puente entre un alma consciente y la otra, lo que equivale hoy día a la relación hombre a hombre. Nuestra época adolece precisamente de su impotencia de tender ese puente entre hombre y hombre.

Planteemos, pues, ahora, por necesidad, ciertas preguntas de manera nueva, de modo que incluso parezca grotesco el mismo planteamiento a primera vista, aunque mi intención no tenga nada de grotesco. Supongamos que un niño de tres años tomara la decisión de no aplazar la segunda dentición hasta los siete, y se dijera: "es demasiado aburrido esperar otros cuatro años, hasta que me salgan los segundo dientes; quiero recibirlos de una vez". Otros podrían ser los símiles, pero basta con uno. Imposible sería de cumplir ese deseo infantil, porque el desarrollo natural transcurre bajo determinadas condiciones. Análogamente, es condición del desarrollo natural, apenas sospechada por pocas personas, el que solo a partir de determinada edad puede el hombre realmente captar ciertos contextos y hechos vitales cuyo conocimiento le es necesario, y que trascienden los datos más inmediatos sobre las cosas externas. No cabe duda que el niño de nueve años puede saber que el hombre tiene diez dedos, y cosas por el estilo; en cambio, ciertas verdades para cuya adquisición se requiere el juicio logrado por medio del pensar activo, es imposible saberlas antes de un momento biográfico situado aproximadamente entre los dieciocho y diecinueve años: lo mismo que, antes de los siete años, no se pueden obtener los segundos dientes, tampoco puede saberse nada, antes de los dieciocho, sobre ciertas relaciones vitales más allá de la punta de la nariz, o sea, aquellas que requieren un juicio activo. Antes de ese trance, uno puede pescar algo al vuelo, creerlo con base en la autoridad, pero en realidad nada puede saber de ello. Antes de los dieciocho años, la mente no puede desplegar la actividad interna que le permita sustentar: "Sobre esto o aquello yo sé algo que rebasa el alcance de mis ojos u oídos". He ahí un aspecto de la maduración psíquica del que difícilmente nadie se ocupa hoy día, a pesar de su importancia vital. Para que nuestra civilización vuelva a tener pies y cabeza, es necesario que esos aspectos se estudien y se conozcan a fondo, y que reciban el trato adecuado.

¿Qué podemos deducir del hecho de que, antes de los dieciocho años, no se puede lograr ese tipo de conocimiento? Que antes de esa edad el hombre depende de quienes la han trascendido, lo mismo que el lactante depende del pecho materno –no es otra la cosa. De ahí se deduce algo de suma importancia para el trato entre educador o maestro y el adolescente, pues de no tenerlo en cuenta, el trato es desacertado. Por el general desconocimiento que reina al respecto, hoy día se toman muchas medidas pedagógicas erróneas. No siempre ha sido así: en tiempos anteriores al primer tercio del siglo XV, no hubiera sido posible que existiese algo comparable al actual Movimiento Juvenil en el sentido de concederle beligerancia. Para responder a la pregunta de por qué no hubiera podido existir, detengámonos, por ejemplo, en las condiciones peculiares que prevalecían entre quienes recibían su preparación para la vida en las escuelas monásticas. Con igual derecho podríamos detenernos en los adolescentes que, en aquellos tiempos, se capacitaban para algún oficio. Y es que entonces, en la Edad Media, se sabía con toda precisión, que nadie podía ser educado para el saber antes de los dieciocho años. A la gente le habría parecido absurda la idea de que eso era posible. Los instructores de los adolescentes sabían, a ciencia cierta, que éstos no eran susceptibles de educación para el saber; el adulto tenía, pues, que adquirir la posibilidad de educarlos, no para saber, sino para que tuviesen fe en la certidumbre de lo que él exponía. He ahí la sagrada misión: educar a los adolescentes para esa fe.

Todas esas condiciones se hallan actualmente en plena confusión, y la misma fe que antaño se exigía tan solo de los adolescentes, se exige hoy de los adultos, en relación con lo suprasensible. En la Edad Media, el concepto de fe se tenía tan solo para los adolescentes; y se consideraba algo sagrado. Es más, el mentor se habría reprochado a sí mismo el haber descuidado su más sagrado deber humano, si no hubiera logrado que los adolescentes, por la frescura y el poder convincente de la naturaleza humana, creyesen en él y aceptasen la verdad en esa forma. Ese matiz emotivo latía en toda educación y enseñanza. En otros aspectos pueden parecernos antipáticas las prácticas docentes de aquellos tiempos, porque estaban encajonadas en toda clase de diferenciaciones; sin embargo, si prescindimos de eso, hemos de reconocerle a la educación medieval el mérito de cultivar en los adolescentes su fe en los adultos.

Algo más se vincula con ello: los docentes tenían consciencia de que primero habían de hacerse acreedores a esa fe de la juventud. Para comentarlo, permítanme detenerme en cuál era la situación de los estudiantes en las escuelas monásticas, únicos centros de instrucción en los tiempos anteriores al siglo XV. El mentor tenía que adquirir el derecho a que la juventud le tomara en serio, condición previa a la fe. Nadie se imaginaba que los jóvenes tuvieran que creer en uno tan solo por ser adulto, o porque alguna autoridad les hubiera extendido algún título o nombramiento. Si bien es verdad que, incluso entonces, los diplomas y cosas por el estilo, jugaban cierto papel externo, el derecho a que la juventud le respetara, no se adquiría transmitiéndole saberes. Hoy nos es difícil dar algún sentido a la frase: "no se pretende transmitir conocimientos a la juventud"; pero antaño casi se sobreentendía que, antes de transmitirle conocimientos, había que dejar que la juventud, por propia observación e intuición, se convenciera de que uno mismo era capaz. Sólo desde determinada edad en adelante el adulto le revelaba a la juventud lo que él *sabía*; previamente, le mostraba su *capacidad*, y así el contenido de la enseñanza empezó con la triada de Gramática, Dialéctica y Retórica. No eran ciencias; el monstruo de seudociencia en que fue a parar la gramática en el curso del tiempo, es producto posterior. Entonces, la gramática no era lo que es hoy, sino el arte de combinar y separar pensamientos y palabras, etc.; su enseñanza y, más todavía la de la dialéctica y la retórica, era eminentemente artística. Todo se hallaba dispuesto para acercarse a la juventud de modo que, primero, tuviera que sentir: "es un hombre con habilidad para hablar, pensar, y dejar que la belleza reine en el habla". Las lecciones de Gramática, Dialéctica, Retórica, eran enseñanza de capacidad, estrechamente vinculada con la inquietud humana del docente o educador. En contraste, la actual enseñanza objetiva o visual, se halla totalmente desligada de la personalidad del maestro. Arrastramos al aula toda clase de aparatos, hasta las feas calculadoras, para conseguir que la enseñanza sea lo más impersonal posible. Nos afanamos por despersonalizarla, un desacierto en verdad, pues ese afán de acumular toda clase de "objetividades" sirve tan solo para que se ponga en evidencia lo menos deseable del educador: así no puede desplegar los bellos rasgos de su personalidad.

En las escuelas monásticas existía, pues, la necesidad de que los educadores cultivaran en la juventud la admiración por lo que el adulto es *capaz de hacer*: cómo domina el habla, cómo maneja los pensamientos, y cómo incluso la belleza influye en su lenguaje. Sólo dejando que, por una temporada, los jóvenes observaran al maestro en acción, es decir, en el despliegue de sus propias capacidades, adquiría éste el derecho de atraerles también hacia lo que ha de ser *objeto de conocimiento*[37]: Aritmética, Geometría, Astronomía, Música, tal como se entendían en aquellos tiempos, es decir, como penetración armoniosa y melódica en todo el orden cósmico. Gracias a tomar como fundamento la gramática, la dialéctica y la retórica, fue posible saturar la Aritmética, Geometría y Música de tanta calidad artística, como si el propio arte hubiera sido el punto de partida.

En los albores del intelectualismo, se esfumó, se volatilizó esta actitud, quedando tan solo exiguos restos de todo lo artístico de ese tipo. Hay algunas universidades que expiden sus diplomas de doctorado, otorgándole al candidato el grado de "doctor en filosofía y en las siete artes liberales". Saben bien ustedes lo que significan esas siete artes liberales. Cabe aquí recordar que el célebre *Curtius*[38], personaje extraordinario que impartía sus cursos en Berlín, tenía un diploma que no correspondía a su especialidad: no tenía la "venia legendi" para la Historia del Arte; él se había graduado como Profesor de Elocuencia, pero en su época ya se habría considerado anticuado ofrecer esa materia en alguna forma. A pesar de haberse graduado como Profesor de Elocuencia, para ganarse la vida, tuvo que impartir la cátedra de Historia del Arte, y lo hizo magistralmente. Ya en tiempos de Curtius, segunda mitad del siglo pasado, habría parecido grotesco el que la Elocuencia, la Oratoria, se considerara asignatura universitaria. En cam-

---

[37] Desde la Alta Edad Media, las siete artes liberales eran: gramática, dialéctica, retórica, aritmética, geometría, música, astronomía Las tres primeras se enseñaban como «trivium» en las escuelas triviales o elementales, las cuatro últimas como «quadrivium» en los centros de enseñanza superior.

[38] Ernst Curtius, 1814-1896, arqueólogo e historiador

bio, en la Edad Media, la Elocuencia, la Retórica, era materia básica para los menores, con lo cual se introducía algo artístico en la educación. Esta introducción de lo artístico se ceñía todavía por completo al antiguo orden humano, y se caracterizaba por la relación entre un alma racional y otra alma racional. Hoy todavía no se puede plantear la pregunta como correspondería desde el punto de vista moderno: ¿cómo han de organizarse las relaciones humanas si un alma consciente se encuentra frente a otra alma consciente? Considerando la pedagogía en toda su envergadura, esa pregunta surge por sí sola; se halla latente desde hace décadas, pero los hombres todavía no se han dignado al pensar activo para formularla y ser conscientes de ella. ¿Dónde hallar la respuesta?

Considerando que lo que importa en esto, es el despliegue de la voluntad, y no alguna solución teórica, la respuesta a dicha pregunta está en comprender que el niño, al pasar de la existencia preterrenal a la terrenal, trae consigo el poder de imitación, y que sigue siendo imitador hasta la segunda dentición. Ese poder de imitación que le permite aprender a hablar, se encuentra "infuso" en el niño, a semejanza de como, al entrar en la existencia terrestre, posee infusa su circulación sanguínea. Pero no sería factible simplemente ofrecerle al niño una educación progresivamente más consciente, transmitiéndole, desde nuestra alma consciente, los conocimientos en forma de la llamada verdad. En los tiempos anteriores, que acabo de caracterizar en relación con el problema educativo, se decía: antes de los dieciocho años, el adolescente no puede saber nada; por lo tanto, hay que conducirle a través de la *capacidad* del adulto, al *saber* del adulto, saber que inicialmente ha de aceptar como contenido de fe. Gracias a ella, en la medida en que el muchacho la absorbe, se le despiertan los poderes cognoscitivos entre los dieciocho y diecinueve años, poderes que han de despertársele desde dentro; y que esto sea posible, es decir, para que se halle en expectación hasta sus dieciocho años, el adulto ostenta ante la juventud su propia capacidad. – Antes de los dieciocho años, caminaba el adolescente en compañía del adulto, para así tener una vivencia preliminar de su futuro conocimiento; la "asimilación de conocimientos" en esa etapa, era todavía algo así como un estado provisional, porque, como dije, todavía no era posible que se "supiera" nada. Ningún maestro puede transmitirle al alumno saber efectivo alguno, si no ha madurado en el educando la convicción intuitiva y empírica de que: "el maestro sabe". Corresponde a una irresponsabilidad el que el pedagogo pretenda lanzarse a la enseñanza, sin que los jóvenes hayan previamente asimilado la opinión espontánea: "el maestro sabe".

Antes de que los jóvenes de antaño fueran a entrar en lo que entonces era la Aritmética –no era esa cosa seca y abstracta que es hoy– ya estaban convencidos de que quienes iban a introducirles en ella, tenían la capacidad de hablar y de pensar, así como que disponían del don de la elocuencia. Saber todo eso por evidencia propia era buena razón para que los jóvenes tomaran a los mayores como modelo de su propio desarrollo ascendente. Si la calidad del maestro descansa tan solo en el diploma, sin que su personalidad lo acredite, la incipiente relación con el alumno se quiebra, a veces, al llegar a los diez años. Nuestra época necesita vivir la actitud inquisitiva que latía vivamente entre los estudiantes de las escuelas monásticas. Y como sea que las actuales relaciones humanas implican el enfrentamiento de alma consciente con alma consciente, ese interrogante no puede resolverse como en los tiempos en que el alma emotiva se encontraba frente a otra alma emotiva: necesitamos hoy una solución distinta.

Naturalmente, sería extemporáneo retornar al célebre "trivio cuadrivio", aunque, sin duda, sería mejor que lo que actualmente se ofrece a la juventud. Hemos de tener en cuenta las condiciones presentes; no las externas, sino las que subyacen en la evolución del género humano, lo que ha de inducirnos a buscar la transición entre el período de la imitación espontánea, la que el niño ejerce antes de la segunda dentición por simple naturaleza, y el posterior período en que podemos transmitir al hombre en ciernes conocimientos, primero con base en la confianza y, más tarde, contando con el juicio personal.

Existe entre esos dos períodos un tiempo intermedio sumamente crítico para la juventud actual. Para ese intervalo, hemos de resolver el problema de mayor importancia para el mundo, pues de él depende el progreso, o el retroceso, quizá incluso el ocaso de la futura evolución humana: ¿cuál ha de ser la actitud de los adultos hacia los menores en ese intervalo: el que transcurre después de los años de imitación hasta los de transmisión de conocimientos? Esta es una de las más trascendentales preguntas relacionadas con la cultura del presente.

El Movimiento Juvenil, en sus aspectos positivos, no era sino anhelo por la respuesta a esa pregunta. Y al no encontrar su satisfacción en la escuela, se lanzó a vagar por bosques y campiñas; en vez de aspirar a ser colegial, aspiraron a ser aves migratorias. De ahí la fundación en Alemania del *Movimiento Wandervogel* (= ave migratoria).

Para estar a la altura de ese magno problema cultural, hay que estudiar la vida como es, no la teoría. Y quien hoy la explora, descubre lo siguiente: para que la humanidad no se atrofie, es necesario que el período de educación escolar que media entre la etapa imitativa y aquella en la que el hombre ha de recibir conocimientos destacando su verdad, se llene transmitiéndoselo todo en indumentaria de belleza artística: lo necesita para su cerebro, su corazón y su voluntad. De un antiguo orden cultural había surgido, como conjunto artístico, el septeto de: gramática, dialéctica, retórica, aritmética, geometría, astronomía y música; hoy necesitamos de algún equivalente, artístico también, si bien, para corresponder a las exigencias del alma consciente, no ha de ser desarticulado en siete artes liberales. La edad de la educación primaria, y mucho más allá de ella, es decir, toda la etapa de educación, requiere que la enseñanza esté encendida y ardorosa del elemento artístico; su característica ha de ser belleza, la belleza como intérprete de la verdad.

El alma de quienes no hayan tenido oportunidad de conquistar la verdad a través de la belleza, nunca podrá recibir elemento alguno de plenitud humana, plenitud que les fortalezca ante las exigencias de la vida. Los clásicos alemanes lo presintieron, aunque no lo subrayaron en todo su alcance: no encontraron acogida. Detengámonos en las palabras con que Goethe busca la verdad a través de la belleza: "lo bello es manifestación de unas leyes ocultas de la naturaleza, leyes que, sin ese vehículo, nos hubieran quedado para siempre ocultas"[39]. Aquí, Goethe afirma que solo por medio de la captación artística del mundo, se llega a la verdad viva, en tanto que, de lo contrario, solo captamos la verdad muerta. Y otro aforismo, muy bello también, de Schiller: "Sólo por el portal matinal de lo bello en el país del conocimiento entraste"[40]. Mientras que no se profundice el significado de introducirse en el reino de la verdad a través de lo artístico, no puede la humanidad en nuestra época del alma consciente hacer suya la genuina comprensión del mundo suprasensible.

Con ayuda de la ciencia que es la oficial, es imposible conocer del ser humano más que su cuerpo físico. De ahí que, incluso las disertaciones sobre fisiología y biología solo son acertadas, y hasta brillantes, si se circunscriben al

---

[39] Como dice Goethe: (otra traducción) «La belleza es una manifestación de leyes secretas de la naturaleza, que sin su aparición habrían permanecido ocultas para siempre». En «*Goethes Naturwissenschaftliche Schriften*», editado y anotado por Rudolf Steiner en la «*Deutsche National-Litteratur*» de Kiirschner 1884-97», 5 volúmenes, reimpresión Dornach 1975, Volumen V, p.494, GA le.

[40] Las bellas palabras de Schiller pertenecen a sus *Poemas, Los artistas*.

cuerpo físico. Se roza un poco de psicología, pero tan solo en su modalidad de psicología experimental, y se investigan tan solo los fenómenos psíquicos que se relacionan con el cuerpo físico; se carece de toda idea de un fenómeno puramente psíquico. Como consecuencia, se les ocurrió inventar el llamado paralelismo psicofísico[41]. Pero como sea que las paralelas solo pueden intersectarse en la distancia infinita, podemos decir que solo en el infinito podemos llegar a la relación del cuerpo físico con el alma. He ahí la base sobre la que se erigió el paralelismo psicofísico.

Todo esto revela, sintomáticamente, cuál es la impotencia de la época para comprender al hombre. En primer lugar, si se pretende comprender al hombre, cesa de inmediato el poder del intelectualismo; el ser humano no es susceptible de interpretación intelectualista. Quien se aferra, pues, testarudamente a lo intelectual, tiene que renunciar a la comprensión del hombre, esto es, extirpar la propia vida emotiva, y, al no ser esto posible, queda aquélla sentenciada a la atrofia. El cerebro, en todo caso, puede renunciar a comprender al hombre, no así la vida emotiva: se atrofia. De ahí que toda nuestra civilización actual arraigue en la atrofia anímica.

En segundo lugar, la comprensión de lo humano no se alcanza a través de la metodología inquisitiva, excelente para la naturaleza externa. Por mucho que ella nos ofrezca para interpretar el mundo externo, no puede conducirnos ni al segundo miembro constitutivo del cuerpo humano, esto es, el cuerpo etéreo o morfogenético.

Imagínense que fuera posible conocer, por los métodos de la ciencia actual, todo el conocimiento acumulado

---

[41] En «*Abriss der Psychologie*» de Hermann Ebbinghaus (1850-1909), Leipzig 1908, en la sección sobre «*Wechselwirkungen und Parallelismus*» (Interacciones y paralelismo), Ebbinghaus se opone a la opinión de que el cerebro es una herramienta del alma y se pronuncia a favor del paralelismo psicofísico, citando el principio de la conservación de la energía y los experimentos de Rubner y Atwater

hasta el día en que se acabe el mundo (pongo por caso un hombre de ciencia acabado y consumado, no quiero afirmar que no haya científicos ya cerca de esta culminación, porque no creo que, en cuanto al intelectualismo, se hagan todavía avances signiticativos, considerando que otros serán los caminos del futuro. Tengo el máximo respeto por el intelectualismo de nuestros sabios. Y mis palabras no implican falta de respeto ni ligereza. No cabe la más mínima duda de que abundan los hombres de ciencia inteligentes). Pero aun suponiendo que el espíritu científico hubiera alcanzado la suprema cima que pueda alcanzar, no se podría captar con ella más que el cuerpo físico, nada en absoluto del etéreo. No quiero, con esto, sostener que el conocimiento del cuerpo etéreo descansa en puras fantasías: es conocimiento auténtico. Pero la motivación para desarrollar la percepción por lo menos del más subalterno de los miembros suprasensibles de la naturaleza humana, solo puede surgir de la vivencia artística: requiere alma de artista.

Cuanto más nuestra ciencia objetiva se afane por escrupulosamente evitar todo lo que huela a artístico, tanto más distanciará al hombre del conocimiento de sí mismo. Es inmenso el cúmulo de conocimientos que el microscopio y otros aparatos suministran: mas por su medio nunca nos acercaremos al cuerpo etéreo: antes al contrario, de él nos alejamos, hasta llegar a un desconocimiento absoluto de lo que es de primordial necesidad para captar lo que es el hombre. En el caso de las plantas, todavía podemos consolarnos de esta pérdida, porque no nos atañen tan directamente. A la planta le trae sin cuidado el no ser el producto de laboratorio en el que la ha convertido la ciencia natural moderna; así, no deja de crecer bajo la influencia de las energías etéreas del universo, y no se supedita tan solo a las energías postuladas por la física y la química. En cambio, cuando el objeto de nuestra observación es el hombre, entonces todo nuestro sentimiento, nuestra confianza, nuestra piedad, en una palabra, todo lo que integra nuestro ser y que, en la época del alma consciente trasciende, desde luego, a lo meramente instintivo –recuerden que en el alma consciente todo trasciende a lo instintivo- todo eso depende de que recibamos una educación que nos abra la visión para algo que no sea simple cuerpo físico.

Si los educadores nos desvían de una intuición certera sobre la verdadera imagen del hombre, no crecerán en nuestro ánimo las energías que nos permitan enfrentarnos con el prójimo como es debido. Todo depende de que el hombre en ciernes aprenda a liberarse de su excesivo apego a la mera observación, al mero experimento. Más todavía: para aquilatar debidamente la observación, el experimento, hemos de separarnos de ellos, desprendernos de ellos, desprendimiento que se facilita con la actividad artística.

Cuando el maestro o instructor vuelva a hallarse ante el niño a la manera de como, en épocas antiguas, se hallaban ante la juventud, la gramática, la dialéctica, la retórica, es decir, cuando el maestro vuelva a adoptar en el aula actitud artística, y lo artístico impregne totalmente el ambiente, surgirá un Movimiento Juvenil distinto –quizá hoy les parezca chocante– un movimiento juvenil que sentirá pujante atracción hacia los maestros de cuño artístico, porque quiere "mamar" de ellos, recibir de ellos el alimento que la juventud ha de recibir de los mayores, En realidad, el Movimiento Juvenil no puede ser simple oposición, simple sublevación contra lo viejo. No olvidemos la imagen del lactante: toda actitud de rechazo le privaría, no solamente de la leche materna, sino también de todo lo demás que de la madre procede. Lo que hay que aprender, hay que aprenderlo de quienes lo irradian, y se realizará ese aprendizaje, si existe la espontánea tendencia hacia los mayores, como la del lactante hacia el pecho materno, y como la del infante para lograr el habla por imitación. Esa tendencia latirá en los jóvenes, si la generación anterior les ofrece su legado revestido de elemento artístico, si la verdad aparece primero en indumentaria de belleza. Entonces prenderá en los jóvenes lo más valioso: no el intelecto para siempre pasivo, sino la voluntad que se hace activa y que, por añadidura, activará también el pensar. La educación artística será educación de la voluntad; y de la educación de la voluntad depende, al fin y al cabo, todo lo demás. ¿Qué se deduce de ello? Mañana lo aclararemos.

# Décima Conferencia

*Stuttgart, 12 de octubre de 1922*

Ayer quise destacar cómo llegar a la educación o guía de los jóvenes, dándole forma artística, y llamé la atención sobre el hecho de que el educador, en épocas pasadas, tomaba lo artístico como punto de partida. Al nivel de la educación superior, esto se logró manejando como artes algo que hoy ha adoptado forma abstracta y científica, a saber, la Gramática, la Dialéctica y la Retórica, de modo que lo primero que el alumno pudo apreciar en su mentor, le permitió decirse: "mi maestro es capaz de algo que todavía yo no puedo". Sólo así se establecía la correcta relación entre la generación más joven y la más vieja, relación que jamás podría lograrse por el camino de la intelectualidad. Tan pronto como ya no se capten con el alma racional o emotiva las ideas interiormente reveladas, sino que, por medio del alma consciente, uno se ubique en el suelo del entendimiento, desaparece toda posibilidad de dar a los hombres tratamiento diferencial. ¿Por qué? Porque la naturaleza humana es de tal índole que, cuando se trata de elucidar conceptualmente algún asunto por medio del alma consciente, o cuando, simplemente, el hombre conceptualiza sus especies mentales, todos creen que pueden discutir con todos sobre esos conceptos. Así, valoramos el intelecto totalmente al margen de la madurez y de la experiencia; ellas no se tienen en cuenta hasta que se trate de la *capacidad*: los jóvenes no están dispuestos a reconocer que los viejos, precisamente por serio, tengan inteligencia superior, pero aceptan sin discusión, su superior capacidad.

Para comprender esto desde sus fundamentos, revisemos desde otro punto de vista, cómo transcurrió la evolución de la humanidad en lo que corresponde a la relación interhumana. La historiografía externa que descansa en documentos, no puede retroceder sino a unos pocos milenios antes del Misterio del Gólgota, y así evaluar como es debido, lo que indaga, porque incluso los productos culturales de una época relativamente cercana, como es la griega, ya no pueden captarse con nuestros conceptos actuales; para dicha época hemos de aplicar conceptos radicalmente distintos. Y fue Nietzsche quien lo vislumbró entre otros. En ello reside el encanto de su opúsculo inconcluso: *"La filosofía en la época trágica de los griegos"*, donde trata de la filosofía griega en su relación con el desarrollo general de la cultura griega hasta Sócrates. En Sócrates, Nietzsche ve el primer destello de la intelectualidad desnuda, en tanto que todo lo filosófico en la llamada época trágica de la historia griega surgía de abarcantes subsuelos humanos, para los que, cuando se cifran en conceptos, lo conceptual no es sino un lenguaje para expresar lo vivido. Insisto una vez más: la filosofía de los primerísimos tiempos fue algo totalmente distinto de lo que se hizo de ella más tarde. Por ahora me limito a esta alusión.

Lo que, realmente, quiero comentar es el hecho de que con las facultades que en mis libros llamo Imaginación y, sobre todo, Inspiración, se puede retroceder a tiempos muy anteriores, así como captar la intimidad de las almas humanas en los pormenores de su desarrollo. Esta mirada espiritual comprueba que, alrededor del séptimo u octavo milenio antes del Misterio del Gólgota, existía incluso una veneración espontánea de los jóvenes hacia la avanzada ancianidad. ¿Por qué esa espontaneidad? Porque entonces todavía subsistía para el curso entero de la vida humana, lo que hoy existe tan solo para los primeros años de la infancia.

Si se contempla la entidad humana, no de la manera tan burda como hoy se acostumbra, se comprobará que toda su evolución psíquica sufre un cambio alrededor de la segunda dentición, es decir, entre los seis y ocho años:

el alma será otra distinta; y será nuevamente otra con la pubertad, como expliqué detalladamente en mi opúsculo: *La educación del niño a la luz de la Antroposofía*. La gente de hoy todavía nota, a duras penas, que la evolución psíquica cambia a los siete años. Y luego otra vez a los catorce o quince, pero se le escapan por completo las transiciones similares a los 21, 28 y 35 años.

Quien es capaz de observar la vida anímica más íntimamente, sabe bien que tienen lugar semejantes transiciones, y que la vida humana se desenvuelve en sujeción a ciertos ritmos. Traten ustedes de explicárselo con el ejemplo de Goethe[42]. El mismo relata cómo el terremoto de Lisboa, que coincidió más o menos con su segunda dentición, le arrancó de ciertas ideas religiosas infantiles, así como de todo lo que, hasta entonces, había llenado su mente: empieza a dudar de todo. Relata cómo empezó a reflexionar sobre la pregunta de si podía haber una bondad de Dios en el funcionamiento del mundo, cuando las terribles fuerzas ígneas de la Tierra arrebataban innúmeros seres humanos. Y es que Goethe era, particularmente en semejantes trances, muy receptivo a que los eventos externos obraran sobre su alma, llegando así a ser consciente de su propio cambio anímico. Y manifiesta que, alrededor de ese mismo tiempo, se convirtió en "extraño panteísta", incapaz de seguir creyendo en lo que le trasmitieron las personas mayores de su hogar. Describe cómo cogió el atril de su padre, colocando en él minerales, y encima una pajuela, que él encendió concentrando con una lupa los primeros rayos solares. Más adelante en la vida, se refiere a ese episodio, diciendo que había querido llevarle una ofrenda al gran Dios de la Naturaleza mediante el fuego del altar encendido al contacto con la propia naturaleza.

Deténganse en ese primer período de la vida de Goethe, luego en el siguiente, y así sucesivamente, componiendo

---

[42] Goethe, «*Dichtung und Wahrheit*» Poesía y verdad, primera parte, libro primero.

su vida entera de intervalos cuyas longitudes corresponden aproximadamente a la del primero, y se darán cuenta de que, a cada intervalo, siempre pasa algo que transforma radicalmente su alma. Es sumamente esclarecedor observar que incluso la sugerencia de Schiller de que prosiguiera con la creación de su "Fausto", cayó en suelo fecundo, porque Goethe se hallaba en ese momento, fines del siglo XVIII, en una época crucial de su vida. Y la reforma del "Fausto" coincidió con el comienzo de una nueva etapa. En sus años mozos, Goethe había empezado la obra con el episodio de que Fausto abre el libro de Nostradamus[43]. Y exclama: "potencias celestiales ascienden y descienden pasándose las áureas cubetas", para, al voltear la hoja decir: "Tú, Espíritu de la Tierra, me eres más afín". Goethe rechaza, pues, el gran tapiz del Macrocosmos. Y deja que tan solo el Espíritu de la Tierra se acerque a Fausto. Años después, cuando, a principios del siglo XIX, por sugerencia de Schiller, reformó el "Fausto", creó el "Prólogo en el Cielo".

Quien con semejante intimidad sabe observar su propia vida, encontrará también dentro de sí mismo semejantes puntos de viraje. Hoy día, solo nos damos cuenta de ellos, si sistemáticamente nos adiestramos para esa íntima observación.

En los milenios VI, VII, VIII antes del Misterio del Gólgota, esos cambios eran de tanta intensidad que el hombre los registraba como sacudimientos psíquicos tan incisivos como lo es hoy únicamente la segunda dentición o la pubertad. Más o menos hasta la mitad de la vida, es decir, hasta los 35 ó 36 años, esas modificaciones psíquicas se sentían como incisiones de la vida ascendente; luego empezaba el declive, lo que pudiéramos llamar el desecamiento de la vida. Pero precisamente al sentir que "en el organismo se depositan, con cierta inercia, los productos del metabolis-

---

[43] Nostradamus: Llamado de Notre-Dame por el lugar donde fue bautizado (era judío).

mo", al sentir que el organismo físico iba haciéndose cada vez más pesado y más desvitalizado, uno se percataba de que, hasta la edad más avanzada, lo anímico-espiritual continuaba su florecimiento, y al desecarse el cuerpo, se liberaba el alma. No hubiera sido posible, en los tiempos antiguos, que ciertas personas pudieran recibir el calificativo de "patriarcas" (vocablo acuñado mucho después), si no se hubiera observado perceptiblemente en ellos: físicamente, envejece; pero ese envejecimiento físico da lugar al resplandor de su espíritu; ya no depende de su cuerpo; el cuerpo se deseca, el alma se libera.

En los tiempos modernos, es excepcional lo que, a fines del siglo pasado, sucedió en la Universidad de Berlín. Había ahí dos filósofos: *Zeller*[44], célebre en Helenismo, y *Michelet*[45]. Zeller tenía unos setenta años, y gestionaba ya su jubilación, en tanto que Michelet con sus noventa, seguía impartiendo cátedra con intensa vivacidad. Me dijo *Eduard von Hartmann*[46], que a Michelet se le atribuye el haber dicho: "No entiendo por qué ese muchacho ya no quiere dar conferencias".

Es raro que, hoy día, los hombres conserven tal frescura, pero en los tiempos precristianos a que me estoy refiriendo, particularmente entre los que se ocupaban de la genuina vida espiritual, eso era lo natural. ¿Qué decía la juventud ante la impresión que le causaban los patriarcas? ¡Qué hermoso es envejecer! Gracias al propio desarrollo, el anciano se enriquece con algo que no es posible tener antes. Esa actitud ante la vejez fue totalmente natural y espontánea; no resultado de la educación. Así como, hoy día, un muchachuelo que tiene un caballo de juguete, desea hacerse grande para tener un caballo legítimo, así en aquellos

---

[44] Eduard Zeller, 1814-1908, teólogo y filósofo.

[45] Karl Ludwig Michelet, 1801-1893, filósofo.

[46] Eduard von Hartmann, 1842-1906, autor de «La filosofía del inconsciente» y otros - Rudolf Steiner dedicó su obra «Verdad y ciencia» (1892) a Hartmann, GA 3.

tiempos se deseaba envejecer, porque se sentía que se recibirían revelaciones desde dentro.

Vinieron los milenios subsiguientes. Es verdad que, aún entonces, persistía esa sensación hasta edad bastante avanzada, pero ya no tanto tiempo como en la época protoíndica, según la terminología que utilicé en mi *Ciencia Oculta un bosquejo*. En el florecimiento del helenismo, el hombre continuaba sintiendo con toda intensidad el viraje a la mitad de los años treinta. Teníase todavía conciencia de la diferencia entre lo somático y lo espiritual al decir: "pasados los treinta años, lo físico mengua, pero lo espiritual solo entonces empieza a desenvolverse en plenitud", impresión espiritual-anímica que acompañaba el inmediato encuentro humano. En ella destaca el sentimiento primordial del helenismo, no en esa fantasía de que habla la ciencia actual. ¿A qué se debe la rebosante vitalidad del helenismo? A que los griegos todavía conscientemente podían llegar a los 30, 35 ó 36 años, en tanto que la humanidad de épocas anteriores acompañaba con su conciencia el envejecimiento, incluso más allá de ese punto crucial. Conforme avanzaba la evolución, los hombres, por naturaleza, habían de experimentar el envejecimiento con progresiva mengua de su conciencia, y resurge ahora la exigencia de vivirlo nuevamente en conciencia plena.

Quien se observe a sí mismo, puede reconocer esos virajes septenarios; la longitud de los intervalos no es rigurosamente precisa, pero sí aproximada. El anciano de nuestro siglo que retrocede a sus 49 ó 35 años, puede muy bien percatarse: "a esas edades, algo ocurrió que te permitió experimentar o sentir lo que antes no te hubiera sido posible alcanzar por tu propia naturaleza, así como no hubieras podido morder con tus segundos dientes antes de tenerlos".

A lo largo de los milenios, se fue perdiendo la facultad de experimentar la realidad concreta de la vida humana; y, de no educarse interiormente para observarla en sí mismo, se confunden por completo los septenios a partir de los treinta. Alrededor de los veinte años, fin del tercer septenio, y aunque disminuido, hacia los 28 años, fin del cuarto septenio, todavía es perceptible algo de una interna transformación. Sin embargo, la organización del hombre ha llegado a un estado en que solo le sustenta su evolución natural, hasta los 26 ó 27 años, límite que se adelantará más todavía. Los hombres de antaño no eran libres en cuanto a su organización, y su propia naturaleza les predestinaba a pasar por esas experiencias; la libertad solo ha sido posible en virtud de derogar aquella determinación natural. Hoy, el hombre ha de llegar a encontrar lo espiritual por propio esfuerzo interno, en tanto que, antiguamente, lo espiritual brotaba naturalmente de año en año, a medida que se envejecía.

Por todas las razones expuestas en este cursillo, ya no exhiben los de mayor edad los resultados de su natural envejecimiento; han quedado estancados en el intelectualismo que, ya alrededor de los 18 ó 19 años, ha evolucionado lo suficiente para tener conocimientos intelectuales. En todo lo relativo al intelectualismo, no puede llegarse a un progreso cualitativo, porque en él no existe maduración, solo si acaso, mayor práctica. Una vez caídos en el vicio de pretender demostrarlo o refutarlo todo por procedimientos intelectuales, no existe ya progreso alguno en todo ese comprobar o refutar. De ahí que, cuando alguien presenta los frutos de décadas de experiencia y pretende demostrarlos con argumentos intelectuales, todo joven de dieciocho años, puede refutarlo intelectualmente, pues todas las destrezas intelectualistas que se tengan a los sesenta años ya se tienen a los diecinueve. Comprendamos que el intelectualismo constituye una etapa que tenía que alcanzarse en nuestra época del alma consciente, pero que ya no es susceptible de progreso en profundización, sino tan solo en práctica. Quizá el joven admita: "todavía no sé tanto como tú: todavía pueden engañarme", pero difícilmente reconocerá que el mayor sea más competente que él intelectualmente.

Hay que decir las cosas radicalmente para ponerlas en claro; no se trata de criticar, sino tan solo de describir la natural evolución de la humanidad. ¿Cómo está constituida la época actual? Si el hombre de hoy no aspira por actividad interna a su superación y la mantiene despierta, entonces, a partir de los veinte se oxida de mero intelectualismo, y solo se mantiene funcionando mediante estímulos artificiales externos. De no ser así, ¿creen ustedes que tanta gente se metería al cine? Después de todo, ese afán de cine o, en general, esa añoranza de lo externo descansa en que el hombre se ha vuelto internamente inactivo, y que ya ni busca actividad interna alguna. Las conferencias científico-espirituales, tal como aquí las concebimos, solo pueden escucharse con la constante y activa colaboración de quienes a ellas asisten; algo poco popular. Hoy día, se prefieren las conferencias o eventos culturales que se anuncian "con transparencias", para que uno pueda sentarse plácidamente en la butaca y dejar en paz la actividad mental. Todo transcurre ante uno, se escurre sobre uno, sin participación: la pasividad es absoluta.

Nuestro actual sistema de enseñanza se mueve dentro de esa orientación, y se tildaría de retrógrado todo aquel que, por razones pedagógicas, se sublevara contra la trivialidad de la enseñanza visual-objetiva tan de moda. Pero hemos de sublevarnos; es indispensable, porque el hombre no es simple aparato registrador, diseñado para la percepción pasiva: no puede vivir sino en actividad interna. Presentar un tema de la ciencia espiritual significa invitar a la colaboración psíquica, y eso no gusta a la gente de hoy. Todo empeño de la ciencia espiritual ha de implicar semejante actividad interna, es decir, conducir todas sus reflexiones hasta el punto de que la observación sensoria ya no ofrezca puntos de sostén, y se mueva libremente el juego de las energías internas. Sólo cuando el pensar sea capaz de moverse libremente dentro de ese interno juego dinámico, solo entonces el pensar alcanzará la Imaginación; antes no.

La base de toda ciencia espiritual antroposófica es, pues, el llamamiento a esa actividad interna, a ese elemento humano que puede seguir activo, aun cuando callen todos los sentidos, y solo siga funcionando el pensamiento.

En todo eso late algo sumamente trascendente. Imagínense capaces de lo que voy a exponer, y no quiero adularles diciéndoles que sí lo son. Empiecen por plantearse la hipótesis de que pueden pensar de tal manera que el proceso mental no sea sino fluencia interna de pensamientos. En mi *Filosofía de la Libertad* hago referencia al pensar puro, término tildado de anacrónico por las condiciones culturales de fines del siglo. Eduard von Hartmann me dijo en cierta ocasión: "El pensar puro no existe; el pensar solo es posible con base en la percepción externa". A lo que respondí: "Hay que intentar el pensar puro, y se aprenderá lo que es, para culminar en su completo dominio". Supongan, pues, que pueden tener pensamientos en pura fluencia mental, hasta llegar el momento en que sobra llamarlo pensar: en un instante se habrá convertido en algo distinto; ese pensar que, con razón, se llama pensar puro, se habrá convertido en voluntad pura. Cuando ustedes hayan avanzado hasta emancipar el pensar de la percepción externa, ese pensar se habrá convertido, a la vez, en voluntad pura; su mente flotará en el decurso del pensamiento puro, y ese decurso es, a la vez, decurso de voluntad. Alcanzada esa meta, el pensar puro, e incluso el esfuerzo de realizarlo, empieza a ser, no solamente ejercicio del pensamiento, sino ejercicio de la voluntad, ejercicio que afecta hasta el centro del hombre. Porque entonces harán el notable descubrimiento de que el pensar ordinario, el de todos los días, es función cefálica. Antes, no tenían derecho a sustentar que el pensar era función cefálica, porque lo sabían tan solo externamente por la fisiología, anatomía, etc. En el momento a que me refiero, ustedes sentirán internamente que ya no es su cabeza la que piensa: empiezan a pensar con el pecho, es decir, entretejen su pensar con el proceso respiratorio, con lo cual estimulan el proceso al que, por medios artificiales, aspiraban los ejercicios de yoga. Conforme el pensar va convirtiéndose en actividad volitiva, se darán cuenta de que brota ese pensar, primero de su pecho. Y luego de su cuerpo entero, como si surgiera de la última fibra del dedo gordo de su pie. Y si, con simpatía interna, estudian mi *Filosofía de la Libertad*, con todas sus imperfecciones inherentes, si dejan que esa obra ejerza sobre ustedes su influencia y sienten lo que es ese pensar puro, sentirán asimismo que, de la intimidad de su ser, nace un nuevo hombre interno, propiciando el despliegue de la voluntad basado en el espíritu.

¿De qué otra manera puede el hombre saber que tiene voluntad? En realidad, no la "tiene", pues se halla entregado a instintos inherentes a su desarrollo orgánico; a menudo sueña que está haciendo esto o aquello por impulso psíquico, cuando, en realidad, es por la digestión o indigestión de su estómago. En cambio, con el nuevo despliegue de la voluntad, ustedes llegarán a intuir que su organismo físico se halla penetrado de una nueva energía, consustancial con la conciencia que lo llena. Para llegar a esta intuición, no hace falta la clarividencia; basta con dejar, mediante participación interna, que la *Filosofía de la Libertad* actúe sobre ustedes. Esta obra no puede leerse como se leen otros libros; hay que leerla considerando que es un organismo, es decir, que cada parte suya se desarrolla a partir de otra en orgánica sucesión, y que, con su lectura, uno se adentra en un proceso vivo. Muchos se horrorizan si se les propone semejante objetivo, y exclaman: no, porque entonces se introduciría en mí algo desconocido que rechazo; perdería mi libertad.

Esto sería tan disparatado como lo sería el afirmar que el hombre pierde su libertad al expresarse, por dos o tres años, en determinado idioma, y que, para no supeditarle a la fortuita asociación de ideas características de ese idioma, lo que coartaría su libertad, habría que dejarle libre para hablar a su antojo, ora en chino, ora en francés o en alemán. Esto es tan absurdo que nadie se atreve a una afirmación semejante. Por otro lado, andan por ahí personas que oyen o ven ocasionalmente algo de euritmia, y luego afirman que deriva de fortuitas asociaciones de ideas personales. En realidad, quienes se llamen filósofos, deberían tener el suficiente discernimiento para comprender que la justipreciación de la euritmia exige investigar si ella no significa precisamente creación de gestos fundamentados en una libertad superior, y que los movimientos eurítmicos no son sino despliegue del habla a un nivel más elevado.

Siendo esto así, y teniendo en cuenta que, hoy en día, todo lo que trasciende lo intelectualista suscita suspicacias, no es de extrañar que la gente se horrorice cuando se le dice que cierto libro ha de leerse en actitud distinta a la de otros libros, en actitud de vivencia. ¿Qué es lo que ha de *vivenciarse*? ¡El despertar de la voluntad a partir de lo espiritual! En este sentido, mi libro se concibió como medio educativo; no pretende solamente transmitir un contenido, sino hablar un lenguaje muy preciso, apropiado para servir de agente educativo. De ahí que, en mi *Filosofía de la Libertad*, me ocupé de un estudio sobre el "arte de los conceptos", es decir, de una descripción de lo que sucede en la mente cuando el individuo vincula sus conceptos no solamente con las impresiones externas, sino que se mueve con ellos en la libre fluencia de los pensamientos.

Esta actividad, aunque enfoque los conocimientos en sentido mucho más profundo que la ciencia natural, se halla al mismo tiempo plenamente identificada con la actividad artística. En el momento en que el hombre vive el pensar puro como voluntad, en ese momento se halla en condición artística. Y esa condición artística es la que necesita el pedagogo de hoy, para guiar a los niños desde el cambio de dientes hasta la pubertad, e incluso más allá de ella; es la que se tiene cuando se ha logrado desarrollar, a partir de la intimidad del alma, un segundo hombre, inaccesible a los medios fisiológicos y anatómicos con que se reconoce el cuerpo físico, y que solo se conoce *vivenciándolo*: procede, pues, llamarlo "cuerpo vital" o "etéreo", con tal de que estos términos no se utilicen según la usanza antigua. Ese cuerpo vital no puede intuirse desde fuera: hay que vivirlo internamente; para conocerlo, pues, hay que desplegar cierta actividad artística. Ese conocimiento lo facilita el peculiar matiz de mi *Filosofía de la Libertad*, inadvertido por muchos, matiz que consiste en rozar, por doquiera, el elemento artístico. La mayoría de los lectores no lo notan porque buscan lo artístico tan solo en lo trivial y en lo natural; no en la actividad libre. Pero solo en semejante actividad libre es posible *vivenciar* la pedagogía como arte, y puede el maestro convertirse en artista pedagógico. Con semejante actitud logra el maestro que, en nuestra época del alma consciente, toda la enseñanza se oriente efectivamente a crear una atmósfera artística entre el joven guiado y los que le guían. Al abrigo de esa atmófera artística, puede plasmarse una relación de acercamiento mutuo entre guiado y guía, porque el guiado sabe que su guía posee habilidades artísticas que él también desea adquirir. La juventud entonces no se subleva, porque siente que, de hacerlo, se aniquilaría a sí misma.

Ante el método con que hoy se enseña la escritura, sucede a menudo que el niño –y no olvidemos que él siempre lleva en sus entrañas un ser más inteligente que el maestro y que reacciona instintivamente: "¿por qué he de atormentarme con la escritura?; no le tengo afinidad alguna". Algo así es lo que les sucedió a los pieles rojas de Norteamérica cuando vieron las letras europeas: sentían que los signos negros eran hechicería. En cambio, hágase el intento de sensibilizar a los niños al contemplar el negro, el rojo, el verde, el amarillo o el blanco; suscítesele el sentimiento de lo que significa el que un punto esté rodeado de un círculo; suscítesele la grandiosa sensación de las diferencias que existen entre dos círculos verdes y, en cada uno, tres rojos, y luego, al revés, dos círculos rojos y, en cada uno tres verdes; o dos círculos amarillos y, en cada uno, tres azules, y luego dos azules y, en cada uno, tres amarillos. Que los alumnos sientan lo que dice el verde al rojo, el azul al amarillo, el azul al verde y el rojo al azul, esas maravillosísimas relaciones que los colores tienen entre sí. No se enseñan entonces al niño símbolos y alegorías; se enseña por medio del arte. Y así se observará que, poco a poco, a partir de su nueva sensibilidad artística, el niño empieza a colocar elementos figurativos en la superficie del papel, de los que surgen las letras, del mismo modo que, en el pasado, la escritura se desarrolló de la ideografía. Extraña le es al niño la B o la G, o cualquier otro de nuestros símbolos. ¿Qué significa para el niño todo eso con lo que no tiene afinidad alguna? Al hombre le costó milenios para adquirir la escritura; el niño ha de adquirirla de manera estética. Por ser inhumanas, las letras cauterizan todo lo que late en el niño, y él quiere mantener su condición humana.

Ya ven ustedes, amigos míos, que lo dicho a propósito de la actitud de los jóvenes frente a los viejos, directamente atañe a las intimidades del arte de educar. El abismo que existe entre las generaciones no se salva con fraseología, sino recurriendo al arte pedagógico que no vacila en apoyarse en el genuino conocimiento científico-espiritual. De ahí que yo dijera hace pocos días: ¿a qué tiende ese arte? A la vivencia de la realidad de lo espiritual. En cambio, ¿a qué tienden todas las medidas que se consideran consagradas y aceptadas para aplicarlas a la juventud de nuestra época? No tienden hacia el espíritu, sino a lo que carece de él: se considera pecado dotar de espíritu el llamado saber y la ciencia.

Esta ciencia invade el recinto del hombre desde la primera infancia. Y no puede ser de otro modo, considerando que el maestro adiestrado en sistemática botánica, y buen conocedor de los libros que se ocupan de ella en exclusiva, cree cometer pecado si les habla a los alumnos de manera distinta a la consignada en ellos. Sin embargo, lo que esos libros de botánica ofrecen, no es apto para escolares de diez años; es necesario llegar a los 18 ó 19 años, que es cuando el joven puede relacionarse con ello.

Con lo que antecede, no pretendo crear otra teoría intelectual sobre educación, sino crear la atmósfera artística entre adultos y jóvenes, que permita el desenvolvimiento saludable y natural del hombre en ciernes. Y es posible describir, con toda precisión, hacia dónde tiende ese desenvolvimiento. Entre los nueve y los diez años, empieza a latir en el alma de todo aquel que no sea psicópata, un sentimiento confuso, que se resiste a la conceptualización. Hasta ese momento, era el llamado cuerpo astral el que, en exclusiva, tenía la responsabilidad de toda su vida anímica, pero en lo sucesivo apunta el vigor del propio yo. Este nuevo palpitar no puede cifrarse en conceptos troquelados; pero en la sensibilidad, en las honduras inconscientes del alma, se cuela una pregunta que reza de manera distinta según el individuo; podríamos, quizá, formularla así: "Hasta ahora, mi cuerpo astral tenía fe en los demás hombres; ahora ya no me basta la mera presencia del hombre; necesito de su palabra para poder creer en él o en otros, en mi medio ambiente". Los niños que más se rebelan contra esa creencia en el prójimo, son los que más la necesitan: entre los nueve y los diez años, les empieza a ser esencial el consolidar su propio yo, mediante la fe en un adulto. Ese adulto ha de ser merecedor de fe, sin que sea necesario inculcársela a palos; creer en él en virtud de la atmósfera artística recién creada. ¡Ay de los mayores que no traten de responder correctamente a ese interrogante que, en algunos niños, puede perdurar hasta los 16 ó 17, o incluso hasta los 18 ó 19 años, privándoles del poder decirse: "Siento gratitud por haber aprendido del mayor lo que solo de él pude aprender. Lo que él me dice, solamente él podía decírmelo;

pues cuando yo llegue a experimentarlo en mi propia vejez, ya todo habrá cambiado".

Así podrá crearse, de manera pedagógica, algo que, debidamente aplicado, será de suma importancia para la época del alma consciente, algo que ya se tejía entre jóvenes y viejos desde la primordial época de los patriarcas. Entonces, todo joven sentía: "El anciano con su cabeza cubierta de nieve, tiene las experiencias solo accesibles a quien llega a su edad; antes, se carece de los órganos requeridos. De ahí que él tenga que transmitirme sus experiencias, y que yo me vincule con lo que me transmite, porque solo él puede revelármelas. Sin duda, también llegaré yo a su edad dentro de 35 ó 40 años; entonces el tiempo habrá avanzado, y mis experiencias serán distintas".

En los subsuelos de la vida espiritual yace como una cadena que se tiende desde el pasado hasta el futuro, y que las sucesivas generaciones recogen, llevan adelante, forjan, perfeccionan. Esa cadena se ha interrumpido con el intelectualismo de nuestra época, y en vasta medida lo ha vislumbrado la juventud de la vuelta del siglo XIX al XX. Traten ustedes de recodar ese vislumbre, aunque entonces no hayan podido expresarlo, y dense cuenta que su sentimiento era acertado. Si lo logran intuirán el verdadero significado del Movimiento Juvenil actual, obligadamente con cabeza de Jano, mirando hacia atrás y hacia adelante, porque se ve dirigido hacia la vivencia de lo espiritual, vivencia que anima el pensamiento hasta que se convierta en voluntad, en entrañable impulso humano.

En nuestra charla de hoy, hemos rastreado la voluntad en su extremo más abstracto, esto es, en el pensamiento; en los próximos días, la rastrearemos en reconditeces más profundas del ser humano.

# Undécima Conferencia

*Stuttgart, 13 de octubre de 1922*

Si bien, en la época del alma consciente, se halla invadida la conciencia humana por la extrema abstracción, un elemento sumamente concreto que puja para abrirse paso a la existencia, late en las ansias y anhelos vitales de nuestro subconsciente.

El hombre que hoy se adentra en la época del alma consciente, se halla, por un lado, atascado en sus abstractas ideas cerebrales; mas por el otro, palpita fuera de su cerebro el ansia de *vivenciar* más de lo que éste puede *vivenciar*. Tengamos presente que, inicialmente, el hombre tiene con la naturaleza tan solo la relación que con ella establece su cerebro; todo lo que el hombre moderno asimila del mundo natural a través de la ciencia, solo tiene para él validez en la medida en que lo ha adquirido cerebralmente: entre hombre y naturaleza se interpone, en todo momento, el cerebro; es como si todo lo que a él se acerca desde fuera, se le telescopiara en la cabeza, de modo que, tan congestionada –perdonen el término–, no dejara pasar a través de sus espesas capas nada de lo que pudiera significar relación con el mundo. Todo se atasca en el cerebro; toda exploración intelectiva solo se efectúa en él. Pero no es posible vivir como cabeza únicamente; a ella se halla adherido todo el resto del organismo. La vida del resto del organismo permanece, pues, sorda e inconsciente, porque el hombre todo lo canaliza hacia el cerebro. Y ahí se estanca. En nada se beneficia del mundo el resto del organismo humano, porque nada permite la cabeza que llegue hasta él; convertida en comilona, acapara todo lo que le llega del mundo externo: el corazón y el resto de su organismo viven como si nunca hubieran nacido en este mundo, como si nada tuvieran en común con él.

Sin embargo, ese resto del organismo es el que desarrolla el deseo, la voluntad, la facultad apetitiva, y entonces se sienten aislados, abandonados, solitarios. Así, por ejemplo, debido a que los ojos captan y monopolizan todo color y dejan pasar a la vivencia cerebral tan solo un exiguo resto suyo, los colores no pueden descender hasta la sangre, ni hasta el sistema nervioso ubicado fuera de la cabeza. Lo único que sabe el hombre del mundo, es lo que le transmite el cerebro. En el resto del organismo, así marginado, se torna más intensa la facultad de establecer algún contacto con el mundo externo: en el ser humano en vías de desarrollo late el afán de reunirse con él, no solo por medio de la cabeza; quiere aprender a pensar, a comer lo externo, por medio del hombre integral.

Lo que acabo de decir se refiere solo al adulto: la facultad de conocer el mundo a través del hombre en su totalidad, existe, hoy día, tan solo en la tierna infancia, etapa que muy pronto se trasciende. El niño antes del cambio de dientes conserva todavía la potencia de aprehender el mundo con todo su ser. Sería erróneo creer, por ejemplo, que el lactante, al recibir la leche, la experimenta en forma tan abstracta como lo hace el adulto: el adulto siente su sabor en la lengua, quizá todavía en la vecindad inmediata de ella, pero esta experiencia gustativa desaparece una vez la leche ha pasado por la garganta. En rigor, debería el hombre preguntarse por qué su estómago ha de degustar menos que el paladar. Y no es que el estómago no "sepa" degustar: lo "sabe" tan bien como la cabeza; pero ella es una comilona que, en el adulto, monopoliza todos los sabores. El infante, en cambio, saborea con todo su organismo, incluso con el estómago. El lactante es, todo él, órgano sensorio: nada hay en él que no sea órgano sensorio: saborea de cabo a rabo. Pero más adelante, el hombre lo olvida; y mengua esa degustación con el organismo total cuando el niño empieza a hablar, es decir, cuando la cabeza entra en acción, participando en el aprendizaje del habla: se desarrolla entonces la primera fase de su futura insensibilidad: a cambio de "condescender" para el aprendizaje del habla, se reserva para sí misma los deleites del saboreo. Así pues, incluso en lo relativo a ese "degustar el mundo" , ya desde temprana edad se pierde la relación global con el mundo. Admito, desde luego, que ese "degustar" tiene poca importancia: pero en otros aspectos la relación humana total con el mundo es, efectivamente, de suma importancia.

Así, por ejemplo, a un importante filósofo como Johann Gottlieb Fichte, puede conocérsele de varias maneras, cada una acertada, por lo que ninguna destacaré de las que voy a enumerar. Es sumamente placentero y provechoso ahondar en la filosofía de Fichte –pocos son quienes lo hacen hoy día, por serles muy difícil–, pero más útil todavía les sería ese estudio si hubieran observado el modo de andar de Fichte y se hubieran fijado en cómo hincaba siempre con la planta entera del pie, particularmente con el talón. Esa pisada de Johann Gottlieb Fichte, esa peculiar colocación de su talón, acusa tremenda potencialidad. Para las personas capaces de indentificarse con los pasos observados, la pisada de Fichte habría sido una filosofía más intensa que todo lo que él decía desde su cátedra. Quizá se les antoje esto grotesco, pero es posible que intuyan lo que con ello quiero significar.

Hoy día, se ha perdido por completo esa facultad de íntima observación. Los que éramos niños, no hace veinte años, sino hace cincuenta, recordamos que entre la gente del campo todavía perduraba ese tipo de filosofía: todavía la gente se conocía con semejante observación global, y todavía hay expresiones idiomáticas cuya importante plasticidad acusa que, hasta el siglo pasado, se veía en el hombre íntegro lo que hoy se ve tan solo en el rostro. Así, por ejemplo, en las regiones rurales de Austria podía oirse de una "dama"; "ahí, ella viene sonándose para acá". Entre nosotros, hombres cerebrales, sonarse significa limpiarse la nariz, quizá de manera no del todo estética. Esto no era así hace medio siglo; entonces, el hombre entero "sonaba"; su manera de andar, su porte, su peculiar estilo de mover los pies, todos sus ademanes, he ahí el "sonarse"; "sonarse" el hombre entero, quizá con cierto parentesco con la poca elegante forma de sonarse la nariz.

Esto, como dije, se ha perdido: los hombres han quedado reducidos a cerebros, y se han encumbrado a la creencia de que la cabeza es lo más valioso del hombre. Pero esa creencia no ha traído mayor felicidad, porque en el subconsciente, el resto de la naturaleza humana sigue haciendo valer sus pretensiones sin renuncia alguna al sentirse injustamente postergado. Esa convivencia, por medio de algo que no era la cabeza, la pierde el hombre con el cambio de dientes en su primera infancia. Si son buenos observadores, podrán comprobar, cómo perdura en los hijos, dos o tres décadas después, el paso del padre o de la madre: el niño se ha adentrado en los adultos de su ambiente con tanta precisión que lo externamente observado se le ha convertido en segunda naturaleza. Pero ese adentrarse en la naturaleza ajena hoy ya no es factor cultural. Sólo otorga título de cultura a lo observado por la cabeza y a lo que, por medio de ella, puede elaborarse. Incluso sucede que algunas personas prescinden del cerebro; todo lo apuntan y lo guardan en archivos.

No es superficial lo que digo, ni tampoco crítica: integra la necesaria evolución humana. Fue necesario que los hombres se convirtieran en lo que son para encontrar, por medio de esfuerzo y actividad internos, lo que ya no es asequible de manera natural; en otras palabras, para llegar a la experiencia de la libertad.

De ahí que se impone, tras la segunda dentición, una nueva vivencia del mundo, distinta a la del hombre global, que todavía perdura en los párvulos; la educación primaria del futuro habrá de descansar en que, por el rodeo de lo artístico conforme lo caractericé ayer, los jóvenes han de adquirir la facultad de intuir, a través de las apariencias externas, todo el psiquismo del prójimo. Si el maestro pretende tan solo transmitirle al alumno algún contenido científico abstracto, nada experimenta el alumno del alma del maestro, pues la vivencia solo es posible si le sale al encuentro de manera artística: en el arte predomina lo individual, no la igualdad. En contraste, el ideal científico es que cada uno sea igual al otro: los planeadores de la educación de hoy dicen que sería una calamidad el que cada cual enseñara su ciencia. Ese "peligro", sin embargo, no existe porque la ciencia se circunscribe precisamente a lo que es común para todos los hombres. En cambio, en lo artístico, todo hombre es una individualidad; de ahí que, gracias a lo artístico, puede lograrse la relación individual del niño con el adulto activo. ¡Y ésta es la que el niño necesita! Sin duda, esta relación se desenvuelve a nivel distinto del de la primera infancia: en tanto que el párvulo tenía una vivencia cabal del adulto, abarcando la figura físico-corpórea, en el escolar esa visión total se concentra más bien en lo psíquico de su mentor.

La educación ha de tener alma, pero no puede tenerla el hombre de ciencia; solo puede tenerse alma en función del arte. Se tiene alma si, por la manera de estructurar la clase de ciencia, se le da configuración artística, mas no por su contenido científico. La ciencia no es algo individual; de ahí que ella no fundamente ninguna relación entre guía y guiado en la etapa de la educación primaria. En esa etapa, toda enseñanza ha de estar saturada de arte y de cualidades humanas: la personalidad del maestro tiene más trascendencia que toda elucubración programática; esta personalidad del maestro ha de ser agente efectivo en la escuela.

¿Qué es lo que durante ese segundo septenio de la segunda dentición a la pubertad se forma entre el mentor y el alumno? ¿Qué es lo que puede vincularles? Unicamente aquello que el hombre trae consigo de los mundos espirituales, de su existencia preterrenal, a la terrestre. El cerebro nunca otorgará validez alguna a lo que el hombre trae consigo de su existencia preterrenal; se halla organizado para captar tan solo lo terreno, tan solo al hombre físico; no puede, pues, comprender nada de lo que el prójimo encierra procedente de su existencia preterrenal; y el niño, particularmente entre el cambio de dientes y la pubertad, posee una exquisita sensibilidad para captar aquel legado preterrenal que el maestro personifica. Así como el párvulo en edad preescolar tiende a captar la figura humana típica, producto de la vida terrenal, del mismo modo el niño de siete a catorce o quince años busca, a través de la convivencia con los mayores, algo que, sin cifrarse en conceptos, se objetive en las personas que le guían; un algo que se proyecta de tal manera que, si alguien tratara de cifrarlo en conceptos, se erguiría contra los conceptos rígidos y contorneados. Los conceptos tienen contornos, es decir, límites externos; en cambio, la individualidad humana tal como acabamos de bosquejarla, carece de límites externos; posee tan solo intensidad y cualidad, y se experimenta como tal cualidad e intensidad. El escolar particularmente percibe esa individualidad del mayor, y no la percibe a través de otra atmósfera que la artística.

Pero vivimos en la época del alma consciente, no lo olvidemos. La primera riqueza que nuestra alma adquiere en esta época, está compuesta de conceptos intelectuales, de abstracciones. Actualmente, incluso el campesino es adicto a la abstracción. ¿Cómo podría ser de otra manera, considerando que se dedica a la lectura más abstracta que existe: el periódico municipal y literatura por el estilo? No hay que darle vueltas: nuestro caudal está compuesto de abstracciones. De ahí que hemos de liberarnos de ese pensar por el camino que sugerí ayer, purificándolo radicalmente, convirtiéndolo, reestructurándolo, en voluntad. Hemos de luchar para robustecer nuestra individualidad, lo que solo es posible si nos elevamos al pensar puro. No se trata de necedad vanidosa, sino de sincera convicción; quien se eleve al pensar puro, tal como lo sugiere mi *Filosofía de la Libertad*, encontrará que esa disciplina mental no conduce a la posesión de conceptos que integren un sistema filosófico, sino a aprehender la individualidad humana y su existencia preterrenal.

Esto no implica clarividencia, que solo sería posible si la aprehensión mental se acrecentara a auténtica visión de la existencia preterrenal. Pero el estudiante de la *Filosofía de la Libertad* llegará, sin duda, a confirmar la exactitud de lo afirmado, si adquiere la fuerza de voluntad que se logra por la fluencia del pensar puro: ahí, la individualidad descuella, y no se siente uno a sus anchas con algún sistema filosófico, donde un concepto se ensambla con otro, y donde todo tiene nítidos perfiles, sino que uno se siente impelido a moverse con el propio pensar, dentro de la pulsante atmósfera de los pensamientos vivos: se adquiere, pues, una nueva y peculiar modalidad de la vida anímica. He ahí la intención inmanente de mi *Filosofía de la Libertad*.

Considerando que esa peculiar actividad anímica permite, efectivamente, atraer la existencia preterrenal a la vida terrestre, ella constituye la debida condición previa para la profesión de maestro. No podemos convertirnos en educadores por medio del estudio, ni tampoco lograrlo en otras personas, por la sencilla razón de que cada uno ya lo es. En todo hombre yace oculto un educador, educador dormido, pendiente de que se le despierte: lo artístico es el medio. Desarrollando el elemento artístico, se logra el acercamiento entre educando y educador, acercamiento que ha de ser profundamente humano, que ha de procurar satisfacción humana. Sería horroroso que alguien creyera poder ser educador solo por sus conocimientos o sus capacidades. Esto lleva a un mostruoso absurdo, que se aclara con la siguiente imagen que les voy a exponer:

Imaginen un grupo de digamos 30 alumnos; entre ellos hay uno o dos genios. Dentro del funcionamiento normal de una escuela, no es posible asignar a ese grupo un maestro tan genial que los futuros genios puedan aprender de él todo lo necesario para su desarrollo. Quizá ustedes digan que, al nivel de la primaria, el calibre del maestro no tiene mayor importancia porque el genio pasará de todas maneras a la educación media y superior, donde, sin duda, encontrará los educadores geniales que ha menester. Sin embargo, ustedes no podrían sustentar esa afirmación, porque la experiencia la invalida. Corresponde, pues, a una posibilidad real el que el maestro se halle ante niños predestinados a ser, algún día, más inteligentes que él. La tarea pedagógica consiste entonces en llevarles, no solo hasta nuestro propio grado de inteligencia, sino hasta el que corresponde a su potencialidad.

Quizá, pues, el maestro tenga que orientar a un alumno que, algún día, le superará, y no es posible dotar las escuelas de suficiente número de maestros, si no se acepta que el educador no sea tan genial como será, algún día, el alumno. No obstante, podrá ser buen maestro, pues lo que importa no es la transmisión de conocimientos, sino la individualidad, o sea, la facultad de intuir y hacer fecunda la existencia prenatal. Así concebida la educación, el propio niño se autoeduca por el contacto con los mayores, Y así ha de ser, porque en realidad no somos nosotros quienes educamos. En realidad, estorbamos la educación si intervenimos en ella en forma demasiado brusca. Nuestra educación es correcta, si nuestro comportamiento le facilita al niño educarse a sí mismo; y a la escuela primaria le incumbe despejar los elementos negativos, aquellos que obstruyan su desarrollo. Es indispensable, pues, comprender que no podemos inculcar nada en el hombre en ciernes por medio de la enseñanza y la educación, sino simplemente actuar de manera que, durante sus años de desarrollo, llegue a desplegar los poderes en él latentes. Esta posibilidad no se logra a través de los conocimientos que impartamos, sino tan solo por medio de lo que vibre en nosotros de manera artística. Pero aún en el excepcional caso de que el maestro o educador no sea particularmente genial –en rigor, no debería yo decir esto; pero ustedes, a pesar de su Movimiento Juvenil, ya tienen suficiente edad para que yo pueda decirlo–, si ese maestro posee, por lo menos, los rudimentos de un sentido artístico instintivo, ofrece menos obstáculos para el crecimiento del alma juvenil que otro que, sin ser artístico, sea supersabio, lo que, hoy día, no es difícil.

Hay que pronunciar esas verdades alto y claro, pues a media voz nadie las escucha en nuestra época tan poco receptiva. Incluso quienes nos aseguran que lo han comprendido todo, treinta años después se pone en evidencia que no han comprendido nada. Insisto: desde la segunda dentición hasta la pubertad, la configuración anímica del maestro es el decisivo factor para su quehacer pedagógico, para su enseñanza y educación. Tras la pubertad, el adolescente entra en una etapa que, precisamente en nuestra época del alma consciente, implica afloramiento de poderes más profundos de la naturaleza humana, poderes que fecundan el entendimiento mutuo.

Sin duda, es sumamente compleja la actitud anímica que un individuo le brinda a otro, y si tuvieran que definir el círculo de simpatías y antipatías que a otro ofrecen, así como el intrincado proceso de su conjugación, jamás llegarían al término de la definición: ni en cincuenta años lograrían sistematizar las vivencias de cinco minutos de relación humana. Antes de la pubertad, lo que cuenta para el maestro es, ante todo, su sensibilidad para lo preterrenal del alumno, sensibilidad que ha de traslucirse en el movimiento de su mano, en su mirada, en la inflexión de su voz; todo esto integra el matiz que se refleja en el gesto, la palabra, el pensamiento del maestro, eso es lo que el niño busca.

De los 15 ó 16 años en adelante hasta cualquier edad, todavía se complica más la mutua relación humana; y se envuelve en una oscuridad inaccesible a los conceptos abstractos aquello que hace atractivo o antipático a un individuo. Pero si con ayuda de la Ciencia Espiritual Antroposófica se explora qué es lo que puede uno vivir en cinco minutos, sin poder llegar a la sistematización en cincuenta años, se cae en la cuenta de que ahí actúa, no solamente la vivencia de lo preterrenal inmediato, sino todo lo que el hombre, como parte de su destino, ha acumulado en sus sucesivas existencias terrenas: lo indefinido e indefinible que nos sobrecoge cuando nos hallamos ante un adulto, es lo que, de una sola vida terrenal anterior, o de toda una serie de ellas, se proyecta en nuestras almas.

Detengámonos todavía más en esas influencias recíprocas considerando que, en nuestra época del alma consciente, todo lo que nos llega del mundo que nos rodea, se embotella en el cerebro, y no influye en el hombre entero, nuestra actual cultura "cefálica" es hostil a todo lo que solo puede actuar directamente de hombre a hombre, al margen de lo cerebral. Los hombres no se encuentran, porque encontrarse implica intercambio de lo que repercute en nuestra vida procedente de las anteriores. La cultura moderna no se interesa por desarrollar la sensibilidad que permitiría captar lo que ahí entra en juego, el genuino misterio de la personalidad. Es indispensable, pues, dar cabida en la enseñanza y educación a esa posibilidad de intuir y captar lo indefinible del hombre, aquello que arraiga en vidas terrenales anteriores, y que repercute en la actual. Este propósito se malogra si no tratamos de abarcar la vida humana en todo su alcance.

Hoy día, solo se tiene interés por el presente inmediato. Así, en educación suele preguntarse tan solo por lo que es de inmediato provecho para el niño. Pero con esa pregunta, pobre servicio se le ofrece a la vida: educar significa preparar al niño para toda la vida, no solamente para el aula o para los pocos años después de su graduación, para no quedar mal. Pero semejante educación solo es posible si tratamos de comprender ciertos imponderables que constituyen la totalidad de la vida humana.

Ustedes saben que hay personas que, alcanzada cierta edad, actúan con su simple presencia, y su medio ambiente las siente como una bendición. Existen tales personas. Si se investigara a qué se debe esa posibilidad de bendición, no por obra, sino por simple proyección personal, se descubriría que ellas experimentaron alguna vez en sus años de niñez el beneficio de elevar la mirada, de manera espontánea y natural, hacia una autoridad venerada. Tuvieron esa vital experiencia a la edad apropiada, y gracias a que ellas mismas pudieron venerar, se convierten, muchos años después, en bendición para quienes les rodean. En forma paradigmática podemos decir: existen hombres capaces de bendecir. No son muchos; pero hay quienes adquirieron esa posibilidad, propiciada porque en su niñez aprendieron asimismo a rezar. He ahí dos gestos vinculados por un nexo causal: rezar y bendecir. Nadie llega a bendecir, si no es con base en el rezar. Y no lo decimos en sentido sentimental, sin gustillo místico, tal como podemos observar un fenómeno natural, con la única diferencia de que ahí se trata de un fenómeno que nos es más afín, por ser humano.

Sin duda, el niño ha de poder crecer como corresponde a su naturaleza. Si inventáramos un aparato que le mantuviera a determinada estatura, que impidiera su desarrollo, supeditándole toda su vida a su estado actual, haríamos algo perverso: el hombre ha de poder crecer. En cambio, en la escuela se les inculca a los educandos conceptos que corresponden al ideal de inalterabilidad de por vida, y el niño ha de almacenarlos memorísticamente: después de cincuenta años, seguirán siendo como los aprendieron. Nuestros libros de texto están diseñados para mantener el alma del niño en estado de pequeñez, en tanto que lo correcto es educarle para que puedan crecer todos sus conceptos, para que sean vivos sus conceptos y sus impulsos volitivos. Quizá no sea fácil, pero la actitud pedagógica inspirada en el arte puede lograrlo. Es distinta la sensación que recibe el niño si le transmitimos conceptos vivos, en vez de muertos, porque su inconsciente sabe: lo que mi maestro me transmite, es algo que crece conmigo, así como los brazos crecen conmigo.

Es desconsolador que se le eduque al niño para que defina conceptos y luego los posea en definición. Esto es realmente lo mismo que estrangular sus extremidades por medio de un aparato. Lo que el niño necesita, son imágenes con potencia de crecimiento, y que, en el curso de diez o veinte años, se transformen en algo totalmente distinto. Sólo así se le sensibiliza para captar lo que a menudo se halla oculto en las honduras de otra individualidad. ¡Cuán complejas son las relaciones humanas! Aprendemos a desarrollar relaciones de mayor hondura con los hombres, si en la juventud, se nos hizo posible el crecimiento anímico.

¿Qué quiere decir tener vivencia del prójimo? No es posible lograrlo por medio de conceptos muertos, sino cuando el enfrentamiento con él nos conmueva, nos embargue, lo que implica agilidad interna. Hoy día, los hombres acuden a relaciones a través de desayunos, comidas, tés, sin saber gran cosa unos de otros; el conocimiento se limita a su propia persona. Pero ¿cómo elaboran instintivamente las experiencias que derivan de esas relaciones?, ¿cómo juzgan a las personas con las que se reúnen en desayunos o comidas? La única apreciación a que llegan es: ¿es el otro igual a mí, o distinto? De creerlo igual es estimado como bueno; de no serlo, no vale la pena ocuparse de él. Y como sea que la mayoría de las personas no son como uno mismo, solo de vez en cuando se sugestiona uno la ilusión de creer haber encontrado alguien igual a uno mismo: a la larga, es demasiado aburrido no encontrar a nadie de valor. Pero con ese proceder no se encuentra a otra persona, sino siempre a sí mismo, el reflejo de la propia efigie. Para mucha gente es conveniente el que así sea, pues de encontrar, aunque no totalmente, pero sí hasta cierto grado, alguien de valor, y si como tal le considerarán, tendrían una vivencia tan vigorosa que su propia personalidad se vería del todo opacada. Con otro hombre de valor, su yo quedaría aún más opacado, y más todavía con el tercero y cuarto; no se arriesgarían ya a los encuentros, porque significaría anulación. Por su incapacidad de desarrollar suficiente valor y actividad internas, el hombre tiene miedo de anularse y, para evitarlo, esquiva la vivencia del otro, esquiva el encuentro.

De ahí que sea primordial desarrollar una educación que enseñe a convivir, lo que no se logra con palabrería, sino solo mediante un arte educativo que se fundamente en el genuino conocimiento del hombre, precisamente en el arte educativo del que estamos hablando. Pero debido a nuestra época intelectualista, el intelectualismo ha ahogado todas las manifestaciones de la vida. Observemos las instituciones que nos circundan: ya no vivimos, realmente, entre hombres, sino enredados en el intelecto objetivado, no como la araña en su propia tela, sino como incontables moscas atrapadas en esa telaraña.

Después de todo, ¿tenemos alguna sensación, al enfrentamos con un hombre, de lo que ese hombre puede significar para nosotros? ¿Descansan nuestros juicios en valores humanos? No; buscamos siempre la plaquita en la puerta de esa persona, esperando que diga "Consejero áulico", como decimos en Viena, o "Médico cirujano": de éste sí sabemos que puede curarnos. En la puerta de otro leemos "Profesor de inglés", y ya sabemos para qué puede servirnos. Si queremos saber algo de química, no tenemos otra posibilidad que preguntar si en alguna parte vive un hombre licenciado en química, y lo que él nos diga, sí será química. Así sucesivamente. Realmente, nos hallamos encarcelados en esa telaraña de conceptos. No vivimos entre hombres; lo que nos interesa es lo que dice el diploma, único punto de apoyo para muchos. ¿Cómo sabría el mundo quién soy, si no hay documento que lo acredite?

Todo eso lo expreso en forma radical, en afán de caracterizar nuestra época: la intelectualidad ya rebasó nuestro cerebro y nos enreda por todos lados. Nos dejamos guiar por conceptos únicamente, no por impulsos humanos.

En mis años mozos, conocí en Viena al poeta austríaco *Hermann Rollett*[47], fallecido en 1904. Opinaba que lo mejor era el desarrollo hacia el intelectualismo, pero al mismo tiempo le tenía un miedo espantoso, porque intuía que ese intelectualismo se apoderaba de la cabeza únicamente. Y cuando, en cierta ocasión, le visité en compañía de mi maestro Schröer, se expresó en términos poéticos sobre ese espantoso miedo cultural. Dijo: "Observen cómo los hombres de hoy no saben usar correctamente sus dedos, algunos ni saben escribir, tienen calambres en los dedos, y se les atrofian. Entonces, el día que lo necesiten, no podrán ni pegarse un botón en el pantalón; tendrán que acudir al sastre. Y los dedos y extremidades, no solamente se volverán más y más torpes, sino que también se achicarán, como he dicho, se atrofiarán, en tanto que la cabeza crecerá más y más". Así fue como Rollett nos describió sus sueños de poeta, y terminó diciendo que llegaría el tiempo en que ya no se moverían sobre la Tierra más que puras cabezas esféricas rodantes.

He ahí el miedo cultural que conocí en Rollett. Era hijo de su época, es decir, materialista, y por eso tenía tanto miedo de que, en el futuro, rodaran las cabezas sobre la Tierra. No rodarán nunca cabezas físicas, pero sí las etéreas y astrales, como ya lo están haciendo de manera alarmante. Es necesaria la saludable educación de menores para preservar a los hombres de esa tendencia, para que, nuevamente con los pies en la tierra, puedan ser conducidos

---

[47] Hermann Rollett, 1819-1904.

a que reflexionen, a que vuelvan a sentir el latido de su corazón, Y no solamente aumenten sus conocimientos. He ahí algunas consideraciones que hemos de tener muy seriamente en cuenta si queremos identificarnos con el nuevo impulso del arte pedagógico que la humanidad necesita para el futuro. Mañana trataré de desarrollar algunas consideraciones suplementarias.

# Duodécima Conferencia
## *Stuttgart, 14 de octubre de 1922*

Por lo expuesto en los últimos días, se habrán dado cuenta de que es muy distinta en la actualidad la manera cómo un hombre se encuentra frente a otro, en comparación a épocas pasadas: realmente, este nuevo aspecto de la evolución humana no hizo su aparición hasta nuestro siglo.

En un lenguaje que ya no satisfaría los requerimientos de nuestros tiempos, las épocas pasadas profetizaron, pudiéramos decir en forma poética, lo que nuestro siglo ha generalizado: anunciaron que, a fines del siglo XIX, terminaría la llamada Edad Negra y que, en la nueva edad, habrían de prevalecer condiciones totalmente nuevas. Estas nuevas condiciones serán difíciles de alcanzar; la humanidad todavía no está acostumbrada a ellas, y, a pesar de que correspondan a una Edad Luminosa, implicarán, por de pronto, estados que nos parecerán más caóticos que los que distinguían a la larga Edad Negra.

No bastaría traducir a nuestro lenguaje aquella imagen suscitada por la antigua intuición clarividente; de hacerlo, no trascenderíamos la comprensión de lo viejo. Hemos de interpretarlo de nuevo, con los medios esprituales que hoy tenemos a nuestro alcance, ser conscientes intensamente de que, solo a partir de nuestra época actual, todo encuentro humano implica enfrentamiento de un yo con el otro, sin velo alguno.

En la primera época tras el cataclismo atlante[48], esto es, en el octavo y séptimo milenios precristianos, los adultos se hallaban el uno frente al otro, a semejanza de como hoy

---

[48] Edad primigenia, catástrofe atlante: Cf. Rudolf Steiner, «La ciencia oculta» (1910), GA 13.

se halla el niño frente a ellos. Esa captación humana es global, conforme la caractericé ayer; no explora nada de lo anímico ni, menos todavía, de lo espiritual que existiera independientemente del cuerpo; solamente percibe el propio cuerpo físico como algo anímico-espiritual. De ninguna manera imaginemos que, en aquella época protohindú, el hombre hubiera hablado de alma y espíritu en la forma abstracta como hoy, incluso con cierto derecho, lo hacemos.

Podemos erróneamente interpretar las manifestaciones de aquella primera época que hoy se nos antojan particularmente espirituales: nos figuramos que los moradores de la antigua India dejaban de lado el mundo externo, y que pretendían relacionarse, en todo momento, con algo más allá del mundo sensible. No era así, sin embargo; aquellos hombres tenían una percepción más densa. Ya sea del movimiento humano o de la mímica humana o del crecimiento infantil a lo largo de cinco años, o de cómo las plantas desarrollan la morfología de sus hojas y flores, o de cómo la plena energía del animal se vierte en una pezuña o en otro extremo de la pierna. Tenían, pues, esos hombres su mirada dirigida hacia fuera, hacia el mundo que hoy llamamos sensible. Y en lo sensible percibían algo espiritual.

Y es que, para ellos, lo que el mundo sensible ofrecía a sus sentidos era, a la vez, espiritual, concepción solo posible porque poseían la peculiar facultad de percibir lo espiritual presente en todo lo sensible. Así, por ejemplo, al contemplar el prado, no captaban solamente el tapiz de flores que lo cubría, sino que percibían, flotando sobre las flores, las energías cósmicas que, en vibrante existencia activa, extraían de la Tierra la energía vegetal. Suena quizá un poco grotesco, pero es un hecho que los pobladores de la primera época cultural consideraban que la cabeza humana está cubierta de una especie de caperuza etérea, astral, donde se ubican las energías que regulan el crecimiento capilar. Hoy día cree la gente que el pelo crece como si lo empujara una fuerza de dentro afuera, cuando, en realidad, es la naturaleza externa la que actúa atrayéndolo. Y es que, en aquel entonces, los hombres intuían todavía como realidad efectiva, lo que, en tiempos posteriores, transluciría en la cultura, reducido a leve réplica artística. Observemos, por ejemplo, el yelmo de Palas Atenea, claramente confundido con la cabeza; sería desacertado considerarlo como superpuesto. No es así: Atenea lo recibió como concentrado de energías cósmicas radiantes que circundan su cabeza y que, condensándose, se agrupan en torno suyo, de modo que al griego antiguo le hubiera parecido imposible esculpir una Palas Atenea sin esa indumentaria; lo hubiera sentido tan absurdo como hoy consideramos absurda la cabeza escalpada. Esto cambió en las postrimerías del helenismo.

En los albores de la civilización, los hombres experimentaban lo sensible como realidad psíquico-espiritual, porque percibían todavía, por doquiera, manifestaciones etéreas y anímico-espirituales, aunque no atribuyeran mayor importancia a lo anímico-espiritual. Es, pues, erróneo creer que en los centros iniciáticos de la antigüedad se enseñaba a los adeptos que el mundo sensible es tan solo apariencia, y que lo único real es lo espiritual. Lo que los Misterios, o centros iniciáticos, pretendían, era precisamente captar el mundo sensible, por el rodeo de la comprensión de lo anímico-espiritual.

Ya en la primera época cultural post-atlante, los centros iniciáticos aspiraban a comprender lo anímico-espiritual latente en la figura humana, así como a interpretar, en íntima intuición, no en teoría externa, lo que significa espiritualmente cualquier manifestación del hombre físico. Así, les habría parecido absurdo desarrollar una simple mecánica del andar, porque sabían que cada paso del hombre corresponde a una vivencia, vivencia que hoy yace profundamente sumida debajo del umbral de la conciencia. ¿Por qué andamos? Si extendemos la pierna e hincamos el pie, entramos en relación distinta con la Tierra y con el mundo sideral; y en la percepción de esa modificación –cuando, por ejemplo, sumergirnos el pie delantero en un baño de temperatura distinta a la del pie trasero– subyace un elemento, no simplemente mecánico, sino marcadamente supradinámico.

He ahí lo que, en esos tiempos antiguos, equivalía a percepción sensoria: se dirigía la mirada, no a lo metafísico, sino a la figura externa del hombre, a sus movimientos externos. No se les hubiera ocurrido, ni por asomo, interpretar en sentido de la ciencia moderna aquel delicado juego fisionómico de la naturaleza: el crecimiento de las plantas, su configuración, etc. En la mente del hindú primordial vibraba algo totalmente distinto de lo que es posible en el hombre moderno, porque con toda naturalidad sentía: "en cierta época del año, la Tierra respira esencia celeste; en otra, no la respira, sino que trabaja dentro de sí misma, cerrada a esa esencia". Por ser las condiciones climáticas de la India distintas a las nuestras, en nuestras latitudes expresaríamos ese sentimiento en otra forma, y diríamos: "duerme la tierra en el verano; y se abandona a las energías celestes; recibe entonces la energía solar y deja que ella se vierta en su inconsciente. El verano es sueño terrestre; el invierno es vigilia terrestre. Los pensamientos relativos al cielo que, en verano, la Tierra ha pensado dormida y soñando, en invierno los piensa en virtud de su propio poder. En invierno, elabora internamente lo que, en verano, le depararon las fuerzas y potencias cósmicas.

Hoy día, poco se sabe de todo esto, con excepción, si acaso, de que, en otoño, el campesino introduce las patatas en la tierra y las deja invernar. Pero incluso el campesino no reflexiona de antemano sobre el destino de sus patatas, porque ha perdido la facultad de comulgar con la esencia inmediata de la naturaleza. A los hombres con sensibilidad de los antiguos hindúes no se les habría ocurrido mirar la naturaleza, ver los animales, plantas y minerales, que resplandecen y fulguran en los más diversos colores, y luego imaginar que, en todo esto, no hay más que una sola realidad: la danza de los átomos, danza que se les hubiera aparecido como la mayor de las irrealidades. No faltará quien objete que esa danza es indispensable para calcular la naturaleza: ahí está el detalle. Se cree, amigos míos, que, para interpretar a la naturaleza, se necesita la danza de los átomos. En aquellos tiempos, "calcular" significaba saber vivir en números Y magnitudes; no adherirlos superficialmente a lo que, en el fondo, no es sino materialidad densificada. No se me ocurre negar que, en la época actual, esa densificación nos rinde servicios nada despreciables; pero hemos de destacar que la configuración anímica del pasado era fundamentalmente diferente.

Vino luego otra época, la que en mi *Ciencia Oculta* llamo protopersa. Los hombres conservaron entonces, a lo largo de toda su vida, lo que nuestros niños experimentan, en forma reducida y apagada, entre los siete y los catorce años; con la diferencia de que, en aquellos tiempos, perduraba en las etapas posteriores de la vida. Los persas antiguos vivían esa experiencia en forma más íntima, a la vez que más intensa, que el niño de hoy: su mirada tenía el poder de penetrar tras el movimiento externo, tras la fisonomía externa de un hombre o de una flor. No cabe duda de que intuían un elemento de menor objetividad superficial: lo percibido se les había convertido en simple apariencia exterior, tras la cual se les ocultaba la realidad como tal. En la primera época, la protohindú, todo el mundo externo había sido *realidad*, ¡pero realidad espiritual!: el hombre era espíritu. Nada le impedía al protohindú calificar de espíritu a ese hombre parado sobre dos pies, dotado de brazos y de cabeza. En la segunda época, la protopersa, la mirada ya alcanzó un poco más de perspicacia, o, lo que es lo mismo, mayor penetración: lo que los ojos percibían era tan solo superficie, tras la cual se llegaba a algo más etéreo, es decir, a un ser humano que era más bien figura luminosa. Existía la percepción de esa figura luminosa, porque perduraba todavía cierta clarividencia atávica.

Tenemos luego la tercera época cultural, la postatlante, en la que se sintió la necesidad de penetrar aún más en el interior del hombre o de la naturaleza. Lo externo quedó limitado a lo sensible, en alto grado, y se empezó a penetrarlo, para distinguir, tras él, la interioridad anímico-espiritual. El egipcio, representante de esa tercera época, momifica el cadáver, lo que, en la época protohindú, habría sido absurdo, porque hubiera significado amarrar el espíritu. La tendencia a la momificación requería, como condición previa, que se distinguiera el cuerpo del espíritu, pues de lo contrario se hubiera creído que, al momificar el cuerpo, se encerraba en él, al mismo tiempo, el espíritu humano.

En la cuarta época, la de los griegos –y esto subsiste hasta nuestros días– se consagró definitivamente la clara distinción entre lo corpóreo-somático y lo anímico-espiritual: hoy día tenemos que mantenerlos aparte, en tanto que, en épocas pasadas, se intuía al Yo, a través de envolturas o veladuras.

Imaginen al hindú primordial: no miraba al yo del prójimo, e incluso su lenguaje se limitaba a expresar ademanes externamente visibles. Toda la peculiaridad del sánscrito, si se estudia en cuanto al espíritu que lo informa, y no solamente a su contenido, es todavía gesticulatorio y superficial, lo que se manifiesta particularmente en su movilidad y limitación. Veamos la secuencia de todo esto: el protohindú percibía al yo humano a través de la envoltura del cuerpo físico; en la segunda época, se le percibía a través de la envoltura del cuerpo etéreo, y en la tercera, a través de la del astral, permaneciendo confuso su perfil, hasta que, en nuestra época, se introduce, sin velos, en el trato humano.

Nadie caracteriza adecuadamente, mis queridos amigos, el viraje que se produjo en nuestra época, si no se destaca el hecho de que, con ese trato desnudo entre un yo y el otro, se introduce en la evolución humana un elemento radicalmente nuevo, aunque sea de lenta introducción. No quiero incurrir en la cursilería de considerar nuestra época como de transición, tal como comúnmente se hace, pues, ¿qué época no lo es? Toda época es transición entre lo precedente y lo venidero, y mientras tan solo se diga: "la nuestra es de transición", nos movemos en frase hueca. La afirmación solo cobra pies y cabeza, si se caracteriza qué es lo que está en transición en nuestra época: *la humanidad da el paso de la vivencia velada del prójimo, a la vivencia efectiva del yo ajeno.* Y el desafío psicológico consiste en que aprendamos algo que todavía no dominamos: familiarizarnos con esta relación interhumana completamente nueva. No quiero insinuar que todos tengamos que versarnos en teorías sobre el yo; no se trata de aprender teorías. Vale lo mismo para el campesino en su medio rural, que para el trabajador manual, así como para el erudito: para todos ellos vale que, en la actualidad –en cuanto se trata de hombres civilizados–, los yoes humanos se encuentran unos a otros sin velo, lo que imparte un peculiar colorido a toda nuestra evolución cultural.

Dense cuenta de cómo todavía en la Edad Media, un hombre sentía al otro; no era por medio de su facultad de discernimiento, sino por espontaneidad. Imaginemos una ciudad medieval: un ciudadano, digamos un cerrajero, se encuentra en la calle con un concejal. La vivencia del cerrajero no se agota con saber que el otro es concejal; tampoco se agota con saber "nosotros lo elegimos". Sin duda, existían ciertas agrupaciones que imprimían su sello al ciudadano: el uno era miembro del gremio de sastres, el otro del de cerrajeros; todo lo cual se *vivenciaba* de manera más bien instintiva. Cuando el cerrajero veía acercándose al concejal, sabía, sin consultar en el directorio: ahí viene un concejal. No tenía necesidad de saberlo por nombramiento o por los periódicos; el concejal caminaba distantemente, miraba distantemente, erguía distantemente la cabeza: la captación del prójimo no era reconocimiento sino vivencia a través de envolturas, sin embargo.

Pero no se detuvo la evolución humana, y hemos llegado ahora al punto de tener que *vivenciar* al prójimo. Ya no a través de envolturas, sino sin velo, condición que fue surgiendo paulatinamente. Y que, en cierto modo, asusta a la humanidad. Si existiera una psicología de la cultura, registraría, en cuanto a los recientes siglos, ante todo, el gran temor que sacude a toda la humanidad, a consecuencia de tener a su lado al prójimo como un yo sin velo alguno. Si hacemos nuestra esta imagen, nos vemos inducidos a manifestar: los hombres que, en los últimos siglos, han vivido intensamente su período histórico, se nos presentan con ojos asustados, azoramiento desconocido entre los griegos y los romanos. Empezó a presentarse particularmente desde mediados del siglo XVI, y podemos seguir su huella incluso en la literatura leyendo, por ejemplo, las obras de *Bacon de Verulam*[49]: sus escritos denuncian elocuentemente con qué ojos miraba al mundo. Son todavía más elocuentes los ojos de *Shakespeare*: podemos imaginarios con gran precisión; basta completar su mensaje literario con las imágenes de su fisonomía. Y así, precisamente los hombres de los últimos siglos que, con mayor intensidad, vivieron su período histórico, hemos de imaginarlos con mirada de espanto, si bien de espanto inconsciente. Se manifestó esa mirada por lo menos una vez en la vida; la tuvieron Goethe, Lessing, Herder; Jean Paul no pudo liberarse de ella hasta el día de su muerte. Se necesita de sensibilidad para captar tales matices, si se quiere comprender la evolución histórica.

Para apreciar correctamente lo que significa la entrada al siglo XX, hemos de tener en cuenta que los representantes del siglo XIX ya no tienen vigencia para el XX. Las biografías sobre Goethe, escritas en el siglo XIX, como, por ejemplo, la

---

[49] Francis Bacon o Baco de Verulam, 1561-1626, filósofo inglés.

del sabihondo *Lewes*[50], o del dómine *Richard M. Meyer*[51], no transmiten una imagen acertada de Goethe; la única obra del último tercio del siglo pasado de la que sí podemos derivar quién fue Goethe, es la de *Hermann Grimm*[52]. Esta obra, sin embargo, escandaliza a quienes adolecen la enfermedad cultural de los tiempos modernos, la sabihondez, pues en ella se halla la afirmación de que "Fausto" es una obra "descendida del cielo". Piensen tan solo en lo que dijeron del "Fausto" los comentaristas que todo lo desmenuzan, deshojan y despluman; y ¡he aquí que viene uno que sustenta que no hay que deshojar y desplumar! Quizá esto parezca de poca importancia; sin embargo, es precisamente a esos detalles a los que hemos de prestar atención, cuando de fenómenos culturales se trata. Lean el primer capítulo del libro de Grimm sobre Rafael[53], y tendrán la sensación de que ha de escandalizar a todo catedrático ortodoxo; sin embargo, ese libro conserva todavía *algo* que uno puede llevar consigo al siglo XX, precisamente porque para el académico ortodoxo constituye una sarta de desaciertos.

Después de haber visto al hombre encubierto en envolturas, la humanidad hubo de aprender –aprendizaje no terminado todavía– a verlo sin velos, como entidad dotada de un yo. Eso amedrenta a la gente, porque ya se desvanecieron las envolturas en que el cerrajero veía acercarse al concejal. La gente de hoy, por lo menos en Europa Central, ya no tiene oportunidad de observar siquiera los símbolos externos de esas envolturas que, en el concejal medieval, todavía guardaban cierta relación con su contenido espiritual. He de admitir que, hoy día, yo tendría dificultades en distinguir, a simple vista, entre un consejero áulico y un consejero privado. En el ejército, cuando estaba en su apogeo,

---

[50] G. H. Lewes, «Goethe», 15ª edición. Berlín 1886.

[51] Richard M. Meyer, «Goethe», 4. Auflage 1913.

[52] Herman Grimm, «Goethe», 2 Bande, 7. Auflage, Stuttgart 1903, 2.

[53] Herman Grimm, «Das Leben Raphaels*, 4ª edición, 1903. La vida de Rafael

todavía era posible lograrlo por los uniformes y distintivos; pero había que aprenderlo con cuidado, estudiarlo por propio esfuerzo; ya no se vinculaba con la vivencia espontánea.

Existía, pues, una especie de espanto contra el que la gente se insensibilizó mediante la mencionada telaraña intelectualista que se extiende en torno nuestro, y en la que todos nos hallamos enredados. En los emporios culturales que todavía conservaban un sabor oriental, perduraba cierta relación entre lo interior y lo exterior, entre lo expontáneo y lo intelectualista. Los vieneses entre ustedes saben que, en el siglo pasado, eso se palpaba todavía por doquier. Así por ejemplo, en Viena se decía doctor a todo aquel que llevaba lentes; no importaba el diploma, sino el *extérieur*. Al que se permitiera el lujo de ir en carroza, automáticamente se le consideraba noble, Herr Baron. El *extérieur*, es decir, la apariencia, era lo que importaba; todavía se tenía el prurito de vivir dentro de algo que pudiera designarse con palabras.

He ahí, pues, la gran transición a la época moderna: los hombres se enfrentan desnudos como corresponde a su propia singularidad. Todavía, sin embargo, no se han adquirido las facultades necesarias para semejante enfrentamiento sin velos. Falta todavía, ante todo, la posibilidad de establecer una relación entre un yo y el otro, posibilidad que ha de cultivarse por medio de la educación. De ahí que el problema educativo sea tan delicado e importante.

Ahora quiero expresar "sin velos", cuándo por fin los individuos portadores de un yo en los tiempos modernos estarán a la altura del gran adelanto relativo al método educativo. Aunque ustedes van a comprenderme, no abusen de mis palabras para desconcertar a quienes hoy todavía sustenten la opinión contraria: el único resultado sería hostilidad contra la Antroposofía. Sólo actuaremos correctamente en educación, cuando nos avergoncemos de hablar en cualquier sentido sobre educación, y prefiramos el silencio. Por desconcertante que suene, la verdad es que la humanidad del futuro considerará ignominioso todo lo que hoy se parlotea sobre educación. Hoy día, todo el mundo tiene derecho a disertar sobre lo que estima adecuado en ese tema; pero la educación no es algo que pueda cifrarse en conceptos; no es algo que sea asequible mediante teorizaciones: educar es algo en que el maestro ha de adentrarse progresivamente, conforme pasen los años y se enfrente con el hombre en ciernes. Sólo cuando llegue la madurez de los años, y el adulto se halle ante la joven generación; solo cuando, por hallarse ante ella y recordar la propia juventud, encuentre el acceso al yo ajeno; solo entonces la educación se convertirá en proceso natural.

Muchas de las actuales disciplinas sobre procedimientos educativos se me antojan como el contenido del antes célebre libro de *Knigge*[54], horrible por cierto, con sus indicaciones sobre la relación entre adultos, y otros libros sobre el código social. Por eso, todo lo que yo he dicho y escrito sobre educación, y todo lo que se relaciona con el ensayo práctico de la escuela Waldorf, ha sido concebido para dar la más amplia información sobre la naturaleza humana y conocerla a fondo, no para establecer un código: "debes hacer esto de esta manera; y eso, de esa otra". Lo único a que, realmente, hemos de aspirar es al conocimiento del hombre, y luego –si me permiten el término religioso– confiar el resto a la mano de Dios; ese verdadero estudio del hombre convierte, ya de por sí, al hombre en educador. Insisto: realmente, debería embargarnos el sentimiento de que es vergonzoso hablar de educación; sin embargo, dentro del marco de la civilización actual, a menudo nos vemos obligados a hacer cosas vergonzosas, hasta que llegue el tiempo en que ya no sea necesario hablar de educación.

Semejantes pensamientos fecundos sobre la misión del maestro, de difusión general, se han ido extinguiendo en el

---

[54] Adolf Freiherr von Knigge, 1752-1796, «*Uber den Umgang mit Menschen*» (1788). Sobre el trato con la gente

curso del siglo XIX. Basta con que se abismen en la lectura de las obras de Fichte, o de Schiller, para encontrar ideas que el hombre de hoy juzga disparatadas. Esos autores se referían, por ejemplo, al Estado, a los sistemas y regímenes estatales, y dijeron a propósito de la meta del Estado: "La moralidad ha de ser tal que el Estado se haga superfluo, y que los hombres de por sí lleguen a la libertad, convirtiendo, por su propia moralidad, en superfluo el Gobierno". Fichte dice que el Estado debería ser una institución que se anulara a sí misma y que fuera haciéndose innecesaria. A nuestros contemporáneos, esa idea de que, algún día, el Estado terminaría sobrando, les causa una impresión similar a aquel episodio de una carpa itinerante que, por haber presentado cincuenta veces la misma obra, el director sugirió que ya podía prescindirse de la concha del apuntador. Los actores quedaron perplejos, hasta que uno se animara y dijera: "pero señor director, entonces el público vería al apuntador..." Así, más o menos, sería el efecto de las palabras de Fichte sobre nuestros contemporáneos: no se les ocurre que el apuntador ya sobra. El Estado se habrá dado la mejor constitución imaginable en el momento en que se haya hecho superfluo. Pero ¿qué dirán entonces los consejeros áulicos, los consultores jurídicos, los asesores técnicos?

Sin duda, se requiere cierta audacia mental para transportarse, desde la cotidianeidad inmediata, a ese gran viraje que tiene lugar en la hondura anímica de nuestro tiempo, y así comprender la necesidad de conquistar un punto de vista desde el cual todo hablar sobre educación sea tan superfluo como lo fuera en las épocas culturales más antiguas: entonces, no se hablaba de educación. La ciencia educativa surgió cuando se había perdido la facultad de educar por medio de las facultades humanas espontáneas. Y esto, amigos míos, es mucho más importante de lo que se supone: el muchacho o muchacha que ve al maestro entrando en el aula, no debiera tener el sentimiento de que "ese señor educa según principios teóricos, porque carece del órgano para captar lo subconsciente". Los alumnos anhelan que sea humana su relación con el maestro, relación que se desvirtúa si se interponen principios pedagógicos. De ahí que sea de trascendental e insoslayable importancia dejar de hablar de educación, y comprender que no es necesario hablar y pensar sobre ella, para restablecer una especie de relación natural de autoridad. No dejamos de reconocer, sin embargo, que en ciertas áreas de la educación actual se aplican todavía principios bastante saludables, si bien a veces carcomidos.

En teoría, todo eso queda perfectamente claro, y en teoría incluso se puede comulgar con las recomendaciones de los modernos expertos en educación. Pero en la práctica, no deja de ser provechoso tener una experiencia como la que tuve al observar a un amigo que tenía una balanza junto a su plato, y pesaba, uno por uno, los ingredientes de su comida, a fin de que su organismo ingiriera las cantidades correctas. Quizá esto pueda ser útil en lo fisiológico, más imagínenlo transferido al campo educativo, donde se aplica, por desgracia, sin competencia alguna. Es preferible, sin duda, que los padres desistan de consultar una obra fisiológica especializada para saber cómo han de alimentar a sus hijos, y que organicen el menú con base en el recuerdo intuitivo de cómo comían ellos mismos cuando niños. Análogamente, superemos la pedagogía que cuantifica lo que hay que introducir en la mente infantil, y tratemos de adquirir el genuino conocimiento de la naturaleza humana. Esa penetración en la naturaleza y esencia humanas tiene consecuencias para toda la vida.

Quien realmente vaya conociendo al hombre en ciernes, tal como lo sugerí en los días pasados, y sature su conocimiento de intuición artística, mantendrá joven su propia naturaleza. Hay algo de verdad en que el adulto es, en realidad, hombre empobrecido, pues lo más importante de la condición humana es su poder de crecimiento, ese poder existente en el niño, lo más esencial de él, y que hemos de recuperar, en íntima vivencia, mediante el verdadero conocimiento del hombre: así podemos capacitarnos para enfrentarnos como corresponde con jóvenes y niños.

He aquí a lo que hemos de aspirar. No basta predicar, en sentido egoísta, como a menudo sucede hoy día: "si no os volviereis, y fuereis como niños, no entraréis en el reino de los cielos", sino buscar este reino en la vida cotidiana. De carecer de la vívida energía que actuaba en nosotros en la infancia, no podríamos educar. Es insuficiente la pedagogía que se limita a producir maestros o educadores inteligentes; no estoy en contra del cultivo de la inteligencia, ni propago la irreflexión. La formación normalista que atiende exclusivamente a la inteligencia del maestro, no es la adecuada: ha de completarse por aquella que íntimamente le active, saturándole de la sangre vital anímica que, a su vez, se verterá en su sangre vital física. El mejor criterio para apreciar la categoría del maestro o educador, es reconocer que su arte pedagógico no lo ha convertido en un pedante.

Quizá sea tan solo mitología el suponer que, en alguna parte del mundo, actúe un maestro pedante, porque si así fuera, podríamos estar seguros de que la pedagogía se habría desviado. He de suponer, para no herir susceptibilidades, que son pura hipótesis todas las leyendas y mitologías de ese tipo, y declarar que, de ser cierto que en el magisterio existen pedantes y sabihondos la pedagogía se hallaría en decadencia. Sólo puede considerarse ascendente el arte de educar cuya vivencia y acción contribuyan a que la pedantería y la sabihondez queden radicalmente eliminadas del educador: el auténtico pedagogo no puede ser ni lo uno ni lo otro.

Para verificar si ustedes han captado correctamente lo que insinúo, reflexionen qué profesión dio origen a la palabra "pedante", con lo que ustedes mismos contribuirán a la efectividad de lo que quise insinuar, y sobre lo cual no me extiendo más, para no escandalizar a nadie. Sólo con esa premisa es genuina la pedagogía; de no serio, se puede lograr esa autenticidad siguiendo las orientaciones que tracé estos días. Sobre esta base haré el intento de lograr, en la clase de mañana, una especie de remate de nuestras pláticas.

# Décimotercera Conferencia

*Stuttgart, 15 de octubre de 1922*

Mucho más habría de decirse para llevar a cierta conclusión lo que desarrollé ante ustedes en días pasados. Y es que, al hablar, surge la necesidad de desgranar las verdades en una sarta de palabras e ideas, a pesar de que realmente se pretende recoger el impulso unitario y la fuerza unitaria que ha de fluir a través de las muchas palabras y muchas ideas. Para sintetizar lo que quisiera y que en rigor tendría que explicar con muchas palabras, permítanme recurrir al lenguaje semipictórico, que ustedes luego elaborarán para comprender mejor lo que pretendo.

Desde los más variados aspectos, llamé su atención sobre el hecho de que todo hombre que vive en la civilización moderna, vive, a la vez, en el intelectualismo, es decir, en el conceptualismo que, precisamente en nuestra época, se ha configurado de la manera más intensa e insistente. La humanidad ha logrado encumbrarse hasta los conceptos más abstractos, algo fundamentalmente distinto a cómo Dante, en la época inmediatamente anterior a la nuestra, recibió de su maestro[55] la descripción del mundo. En esa descripción, todo era todavía psíquico, espiritual, aroma que vibra todavía cual hálito mágico a través de su gran Poema. Sobrevino luego la época en que la humanidad quería verter en conceptos abstractos el contenido de sus vivencias internas. Sin duda, siempre ha habido conceptos, pero se trataba de conceptos revelados, infusos, conforme dije anteriormente, no de conceptos que ya no correspondieran a íntima revelación anímica alguna. Sólo cuando los conceptos quedaron vacíos de toda revelación anímica, se le

---

[55] Maestro de Dante: Brunetto Latini (2ª mitad del siglo XIII), filósofo italiano. Cf. Dante, «La Divina Comedia», Infierno XV.

ocurrió al hombre desarrollarlos a partir de la observación de la naturaleza externa, incluso del experimento externo, admitiendo como válido únicamente lo que correspondiera a la observación sensoria.

Cuando uno ahonda en el mundo mental desde la antigüedad hasta los siglos XII, XIII y XIV, se tiene la sensación de que le ofrece algo que se asocia con su propia intimidad anímica; se tiene la sensación de que todavía se posee vida íntima, vida que brota desde dentro como vivencia que es resultado de que el hombre la ha hecho suya.

Hoy día, el sistema conceptual, incluso del hombre más primitivo, ha derivado de la naturaleza externa, por medio de la observación sensoria. Incluso las personas que todavía observan, con cierta fe, los conceptos del pasado, ya no tienen la anterior relación intensa con esa fe, ni siquiera la tiene el campesino. Todo el mundo se afana, hoy día, en pos del ideal de transmitir al hombre, desde fuera, informaciones científicamente comprobadas, es decir, aquello que se ha verificado en la naturaleza externa. Recordarán que expuse, en días pasados, que los conceptos e ideas que emergen de la intimidad del alma, tienen la peculiaridad, al salir del ámbito anímico, de morir como conceptos; el hombre de hoy acepta como correcto el que los conceptos que nacieron en su interioridad, pierdan la vida al salir de ella. Pero todavía hemos de tener en cuenta otro extraño fenómeno, fenómeno que ha venido ocurriendo desde hace algunos siglos y llegó a su culminación en el siglo XIX: los conceptos que morían en el alma, cobraban nueva vida al contacto con el mundo externo. Podemos ejemplificar esto con una estampa histórica: detengámonos en cómo Goethe, desde su propia interioridad, plasmó toda una concepción evolutiva que culmina en sus conceptos de la metamorfosis. Si recapitulamos ese proceso mental, tenemos la sensación de avanzar del reino de lo vivo al de lo muerto; pero sentimos la necesidad intrínseca del avance, porque lo vivo siempre implica compulsión: solo pudo nacer la libertad, cuando los conceptos hubieron llegado a lo muerto. Pero, al mismo tiempo, esos conceptos volvieron a verificarse al contacto con la naturaleza externa: en el momento en que la corriente darwinista usurpa el lugar de las ideas evolutivas de Goethe, incluso en nuestra civilización centroeuropea, asistimos al surgimiento de conceptos o ideas que recobran la vida al contacto con la naturaleza exterior. ¡Pero es un tipo de vida que devora al hombre!

He ahí algo que hemos de sentir con toda intensidad: nos hallamos rodeados de un modo de pensar que ha entrado en consorcio con la naturaleza, y ha obtenido de ella su fuerza vital, pero que devora al hombre. ¿Cómo? Para responder a esta pregunta, piensen que jamás podremos comprender al hombre, si descansamos en las ideas que precisamente las mentalidades más preciaras extraen de la naturaleza. ¿Qué nos enseña nuestra magnífica teoría de la evolución? Que el animal evoluciona a partir de otro animal, y así culmina en el hombre como remate de la serie animal. Pero la realidad humana es distinta de la del animal.

He ahí lo que sustenta la civilización actual. Las anteriores interpretaban, *desde el hombre*, los reinos de la naturaleza; en cambio, la nuestra enfoca al hombre, *desde la naturaleza*, y así resulta ser el más avanzado de los animales. Pero lo que la civilización moderna no comprende es en qué sentido los animales son hombres imperfectos. Si henchimos nuestra alma del modo de pensar que hemos desarrollado al contacto con la naturaleza, se yergue ante nosotros, bajo la imagen del dragón devorador, lo más intenso de nuestra civilización: como hombres, nos sentimos confrontados con un ser que nos devora.

¡Cómo ha cundido ese devorar! A la par que, desde el siglo XV, la ciencia natural ha ido avanzando en su marcha triunfal, la antropología ha ido decayendo progresivamente. Sólo con gran esfuerzo, los hombres han podido mantenerse frente al dragón que devoraba su vida íntima, conservando en alguna forma las antiguas tradiciones, que ya no tenían vida propia. Era en el último tercio del siglo XIX, cuando ese dragón que, de la manera más espantosa, amenazaba con engullir la vida anímica humana, se erguía ante los hombres con particular intensidad. Quienes todavía poseían plenitud anímica, sentían que, en recientes décadas, el dragón, aunque sentenciado a muerte, había cobrado nueva vida a través de la observación y el experimento, si bien vida devoradora del hombre.

En tiempos más antiguos, el hombre participaba todavía de la generación del dragón, pero con suficiente dosis de poder letal para vencerlo. Entonces, el hombre introducía intelectualidad en su vivencia, solo en la medida en que todavía podía vencerla por medio de las energías del corazón; hoy, en cambio, ha quedado el dragón tan rigurosamente objetivado, que nos asedia desde fuera y nos devora como seres anímicos.

He ahí, en lo esencial, el rasgo característico de la civilización desde el siglo XV hasta entrado el XIX. Y solo lo apreciamos en lo justo, si concebimos que los antiguos tomaban la imagen del dragón en sentido profético, anunciando algo que solo existiría en el futuro. Pero entonces se tenía conciencia de que, al dar nacimiento al dragón, se daba nacimiento a Micael o a San Jorge, o sea, a la potencia capaz de vencer al dragón.

Desde el siglo XV hasta el XIX, la humanidad fue cayendo en impotencia frente al dragón: era la época en que, progresivamente, sucumbió por completo a la fe en el mundo material. Ese intervalo es el de la íntima necrotización anímica con la que quedó destruida toda veracidad relativa a los íntimos tesoros del alma. Es la época que hace surgir el mundo de la nebulosa primitiva ideada por Kant-Laplace, nebulosa que se coagula, y entonces genera a los seres vivos, y finalmente, al hombre. Esa época no pudo menos que declarar que la coagulación culminaría fatalmente en la dispersión en la homogeneidad. ¡Pero entonces moriría asimismo todo lo que es logro humano en lo moral! El reiterado intento de comprobar que el orden moral cabe en un mundo en cuyo principio se sitúa la llamada nebulosa primitiva de Kant-Laplace, y en cuyo fin la muerte por entropía o nivelación irreversible, es, en sí, hipocresía. Y el colmo de todo es el concebir el desarrollo moral como si corriera paralelamente con los infusorios, y desapareciera cuando la muerte por confusión causara el ocaso universal.

¿Cómo pudo llegarse a semejante cosmovisión? ¿Por qué perdura virtualmente en todas las mentes humanas? Porque el dragón, sin que nadie tenga conciencia de ello, penetra hasta en la más remota cabaña, y mata el corazón de quienes la ocupan. ¿Por qué es así? Por haber perdido el hombre la sensibilidad de percibir al prójimo. ¿Qué pasa en el hombre? En todo momento tiene lugar en él un proceso que no sucede en ninguna otra parte del mundo terreno: ingiere los alimentos del medio ambiente; en su mayoría, los toma de la biosfera, y solo muy poco del reino inanimado; pero al avanzar por el aparato digestivo, destruye totalmente los alimentos, incluso los de mayor vitalidad, para luego inyectar su propia vida en la materia desintegrada: solo cuando los alimentos pasan a los vasos linfáticos, ya en el interior del organismo, vuelve lo muerto a la vida.

El reconocimiento completo de la naturaleza humana lleva a comprobar que, en el proceso orgánico que impulsan las energías anímicas y espirituales, queda la materia totalmente aniquilada, y luego recreada: en el organismo humano existe un permanente proceso de desintegración de materia, y luego de recreación.

El acceso a esta intuición ha quedado firmemente bloqueado desde el siglo XIX, al postularse la Ley de la Conservación de la Materia, al creer que la materia perdura intacta a través del organismo humano. El planteamiento de la Ley de la Conservación de la Materia es prueba elocuente de que se desconoce al hombre internamente.

Imaginen ustedes, amigos míos, cuán infinitamente difícil es evitar que le tomen a uno por orate, cuando se lucha contra lo que la física moderna consagra. La Ley de la Conservación de la Materia y de la Energía implica que la ciencia natural ha levantado una barrera infranqueable en el camino hacia el hombre: el dragón ha engullido totalmente la naturaleza humana. Mas, como sea que ha de vencerse, ha de cundir la intuición de que la imagen de Micael vencedor del Dragón, lejos de ser anticuada, alcanza, en nuestra época, el supremo grado de actualidad. Plasmaron esa imagen los tiempos pasados, cuando los hombres todavía vislumbraban que Micael les permeaba inconscientemente, Y que, inconscientemente, vence lo que es producto de la mera intelectualidad. Hoy, en cambio, se ha exteriorizado el dragón: nos asedia desde fuera, y nos amenaza continuamente con destruirnos. Pero como sea que el dragón ha de ser vencido, esto solo es posible si nos percatamos de que también Micael, o San Jorge, vienen de fuera. Pero ¿quién es ese Micael, o San Jorge, que se nos acerca desde fuera, para vencer al dragón? Es la genuina intuición espiritual, la que vence la llamada Ley de la Conservación de la Energía, esa ley que, precisamente por su vitalidad, tiene efecto letal sobre la interioridad humana. Esa intuición espiritual hace posible que los hombres puedan rescatar su condición humana incluso en lo que es el proceso cognoscitivo. Hoy día, esto es oficialmente inadmisible, pues mientras sea válida la Ley de la Conservación de la Materia y de la Conservación de la Energía, se derrite la ley moral en la muerte entrópica, y la Teoría de KantLaplace no es una frase hueca.

El haberse amedrentado ante esta consecuencia, ha creado la falsedad que, al introducirse en el corazón humano, hasta en las cuencas íntimas del alma, ha contagiado a todo el hombre, y le ha convertido en intrínsecamente mentiroso. Hemos de conquistar la nueva visión de Micael, cuyo mensaje es que lo material existente en la Tierra, no solo pasará por la muerte entrópica, sino que llegará el día en que se disipe totalmente, y que nosotros, por nuestra conexión con el mundo espiritual y sus impulsos morales, seremos capaces de sembrar una nueva vida. Cuando esto suceda, lo que existe en la Tierra se transformará en nueva vida, en moralidad; pues al acercársenos Micael nos hace partícipes de la realidad del orden moral del mundo. No pueden hacerlo las religiones tradicionales, porque dejaron que el dragón las venciera; simplemente aceptan el dragón que nos necrotiza, y construyen, al lado del dragón, algún segundo orden, supuestamente presidido por alguna abstracta moralidad divina. Pero no basta con simplemente contrarrestar la influencia del dragón: hay que *vencerlo*; pues el hombre necesita del poder que adquirirá con su victoria.

El problema es, pues, de hondura y ¿qué nos ha dado, para penetrarla, la civilización contemporánea? Cada ciencia fue, para nosotros, otra metamorfosis del dragón, y, asimismo, toda cultura externa fue resultado de él. No cabe duda de que el mecanismo externo del mundo, manifiesto no solo en la máquina, sino asimismo en nuestro organismo social, es justificadamente un dragón, dragón que nos sale al encuentro por doquiera que la ciencia actual nos habla del origen de la vida, de la evolución de los seres vivos, o del alma humana. Incluso lo que se diserta sobre historia, es en el fondo, obra del dragón. Se exacerbó esta situación en las últimas décadas del siglo XIX y primeras del nuestro, al extremo de que el hombre en ciernes sediento de saber algo de los mayores, se veía asediado por el dragón por doquiera: en la botánica, en la zoología, en la historia, en todas las ciencias tropezaba con él, deseoso de tragarse lo íntimo de su alma.

Y así, la lucha de Micael con el dragón ha cobrado en nuestra época su más intensa realidad. Si penetramos en la textura espiritual del mundo, encontramos que, simultáneamente con la culminación del poderío del dragón, se ha introducido en él también la intervención de Micael, para que con éste nos aliemos. Hoy día, todo aquel que desee participar en la Ciencia Espiritual, puede lograrlo, lo que pone en evidencia que Micael efectivamente penetra desde los reinos espirituales en nuestro reino terrenal, pero sin imposición alguna, porque todo ha de descansar en la libertad del hombre. Distinta es la actitud del dragón: se adelanta hacia nosotros tratando de imponerse; reclama la suprema autoridad. Jamás en el mundo ha existido una autoridad con tanta ostentación de poder como la que hoy ejerce la Ciencia. Compárenla con la autoridad papal; es casi de la misma magnitud. Por tonta que sea una afirmación, siempre puede uno justificarla diciendo: "la Ciencia la ha comprobado". La Ciencia de hoy tiene el poder de silenciar a cualquiera, aunque diga la verdad; en toda la evolución de la humanidad no existe autoridad más abrumadora que la Ciencia actual: por doquiera nos asalta el dragón.

No hay otro recurso para combatirlo que el aliarse con Micael, esto es, el saturarse, en genuino acto cognoscitivo, con lo que espiritualmente se teje y late en el mundo. Ha llegado el momento en que se yergue ante nosotros esta imagen de Micael en su plena autenticidad, en que se convierte en personalísimo asunto humano. En la antigüedad, la imagen existía y se percibía a nivel de lo imaginativo: hoy, en cambio, esto ya no es posible para la conciencia externa, por lo que todo mentecato puede decir que es mentira calificar a la ciencia externa como dragón. ¡Pero ella *es* el dragón!

Quienes han crecido paralelamente con la Ciencia, sin quedar sugestionados por el dragón como para dejarse tranquilamente devorar por él: quienes no llegaron al extremo de dejar que se explorara su psique por medio de toda clase de aparatos para determinar su facultad retentiva: quienes han crecido como hombres dentro del ambiente científico, sin que la Ciencia les indicara qué es el hombre, por ignorarlo, se vieron, de repente, confrontados con el dragón, sin percibir todavía a Micael. He ahí lo que palpitaba en los corazones de muchas personas precisamente a principios del siglo XX: percibían el dragón, emotiva e instintivamente, pero no a Micael. Por eso, rehuían al dragón a toda costa: buscaban un país imaginario al que el dragón no tuviera acceso. Y así vemos que la juventud, por no ver la posibilidad de vencer al dragón, quería escapar de él e ir a donde no estuviera.

Pero existe un secreto: el dragón puede ejercer su poder donde quiera, incluso donde no esté presente de manera espacial. Y si no logra destruir al hombre directamente por medio de ideas, por medio del intelectualismo, trata de lograrlo enrareciendo el aire, de modo que ya no pueda respirarse. He ahí, lo esencial: la juventud que se había alejado del dragón para que no le dañara, y, por haber entrado en una atmósfera demasiado enrarecida, no podía inhalar porvenir alguno, sentía, a lo sumo, la pesadilla del pasado; el aire había quedado insalubre, incluso ahí donde uno podía sustraerse a la influencia directa del dragón. Pero, en lo tocante a las vivencias humanas, la pesadilla endógena no es muy distinta de la exógena, la procedente del dragón.

Así, pues, en el último tercio del siglo XIX, la vieja generación se sentía expuesta, sin amparo alguno, a la influencia del dragón, en tanto que la juventud sufría la pesadilla de una atmósfera viciada, ya no apta para la respiración. La única ayuda ante ese dilema era encontrar a Micael que venciera al dragón: todos necesitamos el poder del vencedor; el nuestro propio no basta, porque el dragón extrae su sangre vital de un mundo del todo distinto del mundo en que puede existir el alma humana. El hombre, sin embargo, superando al dragón, ha de crear una nueva atmósfera que le sea respirable. De ahí que sea acertado el que hoy se diga: ha de trascenderse la época del siglo XV al XIX, que ha desarrollado al hombre en el sentido de que todo su contenido anímico saliera de él; hay que entrar en la Época de Micael, vencedor del dragón, por haber crecido desmesuradamente el poderío del dragón.

Esto es, a la vez, lo que hemos de acertar y conseguir, si queremos ser auténticos guías de la juventud: Micael necesita un vehículo en el que pueda entrar en nuestra civilización. ¿Cuál es ese vehículo? El poder de la vida prenatal todavía latente en el hombre en ciernes, particularmente en el niño, y que, al aflorar de él, se le revela al educador. Si cultivamos correctamente ese legado de lo prenatal, y que existe en el niño como palpable realidad, ese legado se convierte en el vehículo en que Micael hace su entrada en nuestra civilización.

No debemos seguir cultivando al dragón, desarrollando formas mentales científicas, con olvido de que todo pensamiento tiende a penetrar en el alma y cuerpo humanos, y a modelar al hombre mismo. Debemos construir el vehículo para Micael, y para ello necesitamos de una humanidad viva, tal como ella, procedente de los mundos suprasensibles, se adentra en la existencia terrenal, y en ella se manifiesta, precisamente en sus primeras etapas. Semejante educación necesita de corazón; el verdadero educador ha de hacerse aliado de Micael en su entrada triunfante. El arte educativo se beneficiará, más que con todas las sabias teorías, con la sensibilidad de nuestra misión como aliados de Micael, Entidad Espiritual que se acerca a la Tierra, y que necesita del vehículo que podemos suministrarle con una educación viva y artística del niño. Ese impulso encierra potencialidades mucho mayores que cualquier principio teórico sobre la educación. Debemos alistarnos para elevar nuestra mirada hacia Micael que, desde el último tercio del siglo XIX, quiere introducirse en nuestra caduca cultura del dragón.

He ahí el verdadero y fundamental impulso de toda teoría educativa. No admitamos el arte educativo como teoría abstracta, no como tema de estudio. Recibámoslo como algo a lo que nos aliamos, algo a lo que damos la bienvenida, algo que se nos acerca, no como concepto muerto, sino como ser espiritual vivo al que nos entregamos, porque hemos de ofrecerle nuestros servicios, para que la humanidad progrese en la dirección debida. Resucitemos a nueva vida el conocimiento: elevemos a plena consciencia, lo que antaño existía inconscientemente en la humanidad.

En los tiempos antiguos, amigos míos, cuando todavía se hallaba generalizada la clarividencia atávica, existían los centros iniciáticos. En ellos, al mismo tiempo iglesia, escuela y academia de arte, los adeptos que ahí se preparaban, de manera alguna dejaban de lado el cultivo del poder cognoscitivo, pero más bien de manera anímica que cerebral. En esos Centros había gran variedad de estudios y actividades, pero sin que en ellos figurara la biblioteca tal como hoy la concebimos. Sin duda, existía el documento escrito, pero no como letra muerta, sino como palabra viva; ahí estaba para que se leyera y actuara sobre el alma. La mayor parte del material escrito actualmente existe tan solo para que se catalogue, almacene y consulte en los casos de tesis doctoral, para cumplir con el requisito de biografía. Da origen a suspicacia el que se introduzca algo originalmente vivo en la tesis; así ha de ser puramente mecánica la introducción de citas bibliográficas; mínima ha de ser la participación humana, arrancando del hombre todo lo que le vincula con la espiritualidad.

Ha llegado el momento de que se recupere la espiritualidad, y con plena consciencia; ha llegado el momento de que la espiritualidad se convierta en algo vivo; ha llegado el momento de conocer, no solo lo accesible a la percepción sensoria, sino también lo que se revela a la contemplación de espíritu: ésta será la Epoca de Micael. De verdad, todo lo que se ha deparado a los hombres desde el siglo XV, ha procedido de afuera; nos encontramos ahora en el alba de una nueva época, la de Micael, en la que el hombre ha de encontrar su relación propia con el mundo espiritual, en la que el saber y conocer tendrán una valía del todo nueva.

Lo que en los antiguos centros iniciáticos se hallaba en la biblioteca, eran más bien anales donde se registraba lo que tenía que pasar a la memoria de todos. Esas bibliotecas no pueden compararse con las nuestras: sus instructores, los hierofantes, orientaban a los discípulos hacia otro tipo de lectura. Les decían: "Existe una biblioteca, integrada por los hombres que andan ahí fuera. ¡En ellos aprended a leer! ¡Descifrad los secretos que se hallan escritos en todo hombre!" He ahí a lo que hemos de volver a llegar, amigos míos, si bien esta vez, desde otro aspecto. ¿Cuál puede ser el nuevo acercamiento? Como educadores, rescatar la actitud que tuvieron los grandes instructores de la antigüedad. Y decirnos: todo conocimiento almacenado carece de valor: está muerto, y su única vida es la que recibe del dragón. Nosotros, si aspiramos a un conocimiento, hemos de intuir que no es algo que pueda almacenarse en determinado lugar, porque de inmediato se dispersaría. ¡En la literatura, difícilmente puede sugerirse lo que es el espíritu! ¡Porque el espíritu es vida, es imposible atraparlo en un libro! No se parece a los huesos, sino a la sangre. Y así como la sangre necesita de vasos por donde circular, así también lo espiritual los necesita. Estos vasos son los hombres en ciernes, y en ellos hemos de verter lo espiritual para mantenerlo en unidad. Por lo demás, hemos de procurar que subsista tan viva la condición del espíritu, que pueda disiparse en todo momento. Esto significa mantener la interna agilidad de nuestros conocimientos, para poder libremente instalarlos en el hombre en ciernes. He ahí cómo construimos el vehículo de Micael, cómo nos convertimos en sus aliados. La mejor manera de realizar vuestros entrañables propósitos, amigos míos, es que os hagáis conscientes de "querer ser aliados de Micael".

Recobrad la facultad de seguir a una entidad puramente espiritual, no encarnada en la Tierra; aprended a creer en el hombre, en atención a que él os muestra la senda hacia Micael. La humanidad habrá de comprender, de manera nueva y viva, la palabra de Cristo: "Mi reino no es de este mundo", pues solo con esta nueva comprensión, el reino de Dios estará presente en este mundo, como es debido. La misión del hombre es convertir en contenido de este mundo al espíritu que, sin el hombre, no puede latir en la Tierra.

El Cristo mismo descendió a ella; no ascendió al hombre para que viviera, en el cielo, una vida terrenal: es el hombre quien tiene que saturar su vida terrenal de una espiritualidad que sea transferible, y le dé la posibilidad de vencer al dragón.

Hay que comprender todo esto tan a fondo que uno mismo pueda responder a la pregunta de por qué los hombres, en la segunda década del siglo XX, se han destruido mutuamente. Se han matado porque transfirieron la lucha a un campo que no correspondía, al material, sin darse cuenta de que el verdadero enemigo, el dragón, reside en otra parte. Las fuerzas que, debidamente desarrolladas, habrán de significar paz en la Tierra, son las mismas que han de vencer al dragón.

En resumen: aceptemos en toda su hondura el comienzo de la Época de Micael. Sólo cuando, con los recursos que nos ofrece el presente, se logre que el hombre se sienta de nuevo envuelto por el resplandor de la Imagen Micaélica; solo cuando, con mucha mayor plasticidad que antes, vuelva a admirarse en el alma la Imagen de Micael, el arcángel cuyo poderío, asociado con el poder del hombre en vías de desarrollarse hacia la actividad anímica propia, es capaz de vencer al dragón, solo entonces, en alianza con El, nos cabrá en suerte el poder necesario para desarrollar nuestra actividad interna. Sólo entonces participaremos de todo lo que signifique progreso, así como paz entre las generaciones; solo entonces participaremos de la actitud armónica que haga posible que la juventud preste oído a la vejez, cuyo mensaje tendrá para la juventud el contenido que ella está dispuesta a conocer y aceptar.

La vieja generación exhibió al dragón ante la juventud, y ella se refugió en regiones de aire enrarecido. Sólo cuando ya el dragón no se exhiba, sino que, por la fuerza de Micael, se descubra aquello que lo extermine, solo entonces el verdadero Movimiento Juvenil encontrará su verdadera meta. Esto se patentizará en la nueva posibilidad de un diálogo entre una y otra generación. En realidad, el educador, de ser hombre cabal, recibe del niño tanto como él le da, y quien no pueda aprender los mensajes que el niño trae consigo del mundo espiritual, tampoco nada podrá inculcarle de los secretos de la vida terrena. Sólo cuando el niño se convierta en nuestro educador, con sus mensajes del mundo espiritual, solo entonces él estará en condiciones de aceptar, a su vez, los mensajes que, en reciprocidad, le brindemos de la vida terrena.

No es por mero afán de simbolomanía que Goethe se interesara siempre por los fenómenos como la respiración: inhalar, exhalar; inhalar, exhalar. Goethe concebía toda la vida humana en la imagen de recibir y dar, todos dan y todos reciben; todo el que da se convierte en receptor. Mas para que se establezca el correcto ritmo entre recibir y dar, es necesario que entremos en la Época de Micael.

Terminaré, pues, con esta imagen, para que se den cuenta qué es lo que realmente he pretendido con las reflexiones de estas dos semanas. No quería que ustedes se llevaran consigo las palabras escuchadas como carga para su cerebro y su reflexión. Mi deseo era que ustedes se enriquecieran en su sensibilidad, y transformaran en actividad esa sensibilidad, ese patrimonio del corazón. Lo que carga el cerebro, se pierde por el camino, pero lo que admite el corazón, se conserva en todas las situaciones vitales.

Si ustedes no se llevan mis palabras como mero lastre del cerebro, donde rápidamente se perderían para siempre, sino que las conservan en la calidez de su corazón, en su hombre cabal, entonces, amigos míos, habremos dialogado aquí de acuerdo con las exigencias del mundo histórico.

Desde este punto de vista, con este sentimiento, quiero formularles mi saludo de despedida: Con mis palabras hice el intento de que en sus corazones penetrara algo que, en realidad, no puede expresarse en palabras. Si sus corazones se han acercado, aunque sea un poquito, a lo que aquí caracterizamos como espíritu vivo, se habrá cumplido, en parte, lo que nos indujo a reunimos. Con ese sentimiento, separémonos ahora; y con este mismo sentimiento, volveremos otra vez un día a encontramos. Así nos mantendremos unidos en espíritu, por diversas que sean las áreas de nuestra vida donde tengamos que desarrollar nuestra actividad. Será lo importante el que nos hayamos encontrado a nivel del corazón; y entonces, lo espiritual, lo micaélico, influirá asimismo en nuestro corazón.

# SOBRE LAS TRANSCRIPCIONES
# DE LAS CONFERENCIAS

## De la autobiografía de Rudolf Steiner
### «*El curso de mi vida*» (capítulo 33, 1925)

Con la celebración de cursos de conferencias internas acordes con este requisito, se añadió otro. A estas conferencias sólo asistían miembros. Estaban familiarizados con las comunicaciones antroposóficas iniciales. Se les podía hablar del mismo modo que a los avanzados en el campo de la antroposofía. La actitud de estas conferencias internas era tal que no podía ser en escritos destinados enteramente al público.

Se me permitió hablar en círculos internos de cosas que habría tenido que organizar de otra manera para su presentación pública si hubieran estado destinadas a ella desde el principio. Así que en la dualidad, los escritos públicos y los privados, hay de hecho algo que procede de dos fuentes distintas. Los escritos completamente públicos son el resultado de lo que luchaba y trabajaba dentro de mí; en las impresiones privadas, la sociedad lucha y trabaja conmigo. Escucho las vibraciones en la vida anímica de los miembros, y en mi vida interior viva, en lo que escucho, surge la actitud de las conferencias.

En ninguna parte se dice nada que no sea el resultado más puro de la antroposofía en desarrollo. No se puede hablar de ninguna concesión a los prejuicios o preconceptos de los miembros. Quien lea estas impresiones privadas puede tomarlas en el sentido más pleno como lo que la Antroposofía tiene que decir. Por eso, cuando las acusaciones en este sentido se hicieron demasiado urgentes, se pudo abandonar sin vacilar la institución de distribuir estas impresiones sólo dentro del círculo de los miembros. Sólo habrá que reconocer que hay errores en los documentos que no he examinado.

Sin embargo, un juicio sobre el contenido de una impresión privada de este tipo sólo puede concederse a quien conoce lo que se presupone como requisito previo para el juicio. Y para la gran mayoría de estas impresiones esto es al menos la realización antroposófica del ser humano, del cosmos, en la medida en que su esencia está representada en la antroposofía, y de lo que se encuentra como «historia antroposófica» en los mensajes del mundo espiritual.

## NOTA DEL EDITOR

Base textual: Como no se nombró a ningún taquígrafo oficial para estas conferencias, no existe una transcripción autorizada. Una primera edición publicada en Stuttgart inmediatamente después de la muerte de Rudolf Steiner tuvo que ser retirada porque contenía numerosos errores que cambiaban el sentido.

Poco después, la Sección para el Esfuerzo Espiritual de la Juventud del Goetheanum publicó una segunda edición, también privada, en ejemplares numerados. El texto de esta segunda edición ha sido corregido gracias a un ejemplar privado que se ha perdido. - La tercera edición fue preparada en gran parte por la señora Marie Steiner en 1947 y fue publicada en 1953 por la *Rudolf Steiner-Nachlaswerwaltung*. La presente edición se basa en el texto de la tercera edición. Los resúmenes detallados se incluyeron de nuevo en la quinta edición.

Las conferencias estaban dirigidas a un centenar de jóvenes de entre dieciocho y veinticinco años.

Título del volumen: "*Padagogischer Jugendkurs*", nombre con el que se conoció el curso hasta 1953, era una denominación factual. El título actual fue elegido por el editor de la 3ª edición. Sobre las circunstancias que llevaron a la realización del curso, véase E. Lehrs, "*Wie es zum "Padagogischen Jugendkurs" kam*", en "*Mitteilungen der Anthroposophischen Gesellschaft in Deutschland*", 15º año, número 2, San Juan 1961, y W. Rath, "*Von der Begegnung der Jugend mit Rudolf Steiner auf dem Padagogischen Jugendkurs*", Michaelmas 1922, op. cit. 10º año, número 1, Pascua 1956.

Las obras de Rudolf Steiner dentro de la Edición Completa (GA) se indican en las referencias con el número bibliográfico. Véase también el resumen al final del volumen.